C.H.BECK **WISSEN**

in der Beck'schen Reihe

Wie kein zweiter Herrscher des Mittelalters hat Kaiser Friedrich II. (1196–1250) die Gemüter erhitzt und die historische Phantasie entzündet. Noch im 20. Jahrhundert wurde er zum genialen Staatsmann, Vorläufer der Moderne und deutschen Idealherrscher stilisiert. Olaf B. Rader porträtiert Friedrich demgegenüber vor allem als Sizilianer und zeichnet so ein neues Bild des Kaisers, der uns bis heute auch als Wissenschaftler und Bauherr, Dichter und Falkner beeindruckt.

Olaf B. Rader, geb. 1961, ist an der Berlin-Brandenburgischen Akademie der Wissenschaften tätig und lehrt als Professor an der Humboldt-Universität zu Berlin. Bei C.H.Beck erschien von ihm bereits die große Biographie «Friedrich II. Der Sizilianer auf dem Kaiserthron» ([4]2012).

Olaf B. Rader

KAISER FRIEDRICH II.

Verlag C.H.Beck

Mit 8 Abbildungen, 2 Karten und 1 Stammtafel

Originalausgabe

Satz: Fotosatz Amann, Aichstetten
Druck und Bindung: Druckerei C.H.Beck, Nördlingen
Umschlagentwurf: Uwe Göbel, München
Umschlagabbildung: Vorderseite einer Augustale mit dem idealisierten Bild Kaiser Friedrichs II. (vgl. S. 54), Münzkabinett der Staatlichen Museen zu Berlin, Objekt-Nr. 18 204 697, Foto: Lübke & Wiedemann, Stuttgart
Printed in Germany
ISBN 978 3 406 64050 6

www.beck.de

Inhalt

I. Kindheit und Jugend

Südliche und nördliche Erbschaften

«Lebe, Spross des Jupiter, Erbe des römischen Namens!» ... «Lebe, Glanz der Sonne, der aus der Wiege du schon hellest den düsteren Tag!» – Mit diesen emphatischen Versen feierte der Kleriker Petrus de Ebulo (wohl nach 1160–1220), einer der bedeutendsten Chronisten seiner Zeit, die Geburt eines zukünftigen Sehnsuchtsherrschers, der die Phantasie von Geschichtsschreibern und Literaten schon mit Beginn seines Lebens und dann für alle weiteren Jahrhunderte bis zum heutigen Tag beschäftigten sollte. Der hier gepriesene Knabe, mit dem ein neues goldenes Zeitalter beginnen sollte, hatte am 26. Dezember 1194 in der kleinen mittelitalienischen Stadt Jesi in der Mark Ancona das Licht der Welt erblickt. Und die «Zier Italiens» lebte weiter. Der «Erneuerer des Erdkreises und des Reichs» wuchs heran und wurde wie erhofft zum Imperator. Zwar stand er nicht am Beginn eines neuen, immerwährenden glücklichen Zeitalters, doch immerhin prägte er ein ganzes Jahrhundert: Kaiser Friedrich II.

Aus welchen Wurzeln war dieser Jupitersprössling erwachsen, woher stammte der erhoffte Erneuerer des Reiches? Warum wurde er als «Erbe des römischen Namens» gefeiert? In Kaiser Friedrich II. liefen nicht nur vielfältige familiäre Ursprünge zusammen, sondern in ihm bündelten sich auch ganz unterschiedliche kulturelle Traditionen. König von Sizilien, römisch-deutscher König, Kaiser der Römer, König von Jerusalem: Alle diese Würden bekleidete er nicht durch Zufall oder eigenes Verdienst, sondern als Glied einer Traditionskette, die weit in die europäische Geschichte zurückreicht.

Väterlicherseits stammte Friedrich II. aus einem südwestdeutschen Adelsgeschlecht, das man in der deutschen Forschungstradition mit Bezug auf die Burg Hohenstaufen am Nordrand der Schwäbischen Alb als «Staufer» bezeichnet. Von einer in sich geschlossenen Familie, einem einheitlichen Namen oder gar einem alle Mitglieder verbindenden Familienbewusstsein kann man allerdings bei den Staufern nicht sprechen. Friedrich II. selbst hätte sich über die modernen Bezeichnungen «Friedrich von Staufen» oder gar «Friedrich von Hohenstaufen», die man allenthalben lesen kann, wahrscheinlich am meisten gewundert. In den Tausenden überlieferten Urkunden des Kaisers wird wörtlich nur ein einziges Mal auf die staufische Tradition Bezug genommen, als der Herrscher im Jahr 1247 dem Papst von der *domus Stoffensis* – dem staufischen Haus – schrieb. Dennoch ist der Name «Staufer» für die Beschreibung von Traditionszusammenhängen hilfreich und für die familiäre Einordnung Friedrichs II. praktikabel.

Die Staufer, deren genaue Herkunft noch weitgehend im Dunkeln liegt, begannen in der Mitte des 11. Jahrhunderts zu einer der einflussreichsten Familien des südwestdeutschen Raums aufzusteigen. Wie viele Adelsfamilien im Mittelalter verwendeten auch sie einen oft wiederkehrenden Leitnamen: Friedrich. Der salische Kaiser Heinrich IV. (1056–1106) hatte 1079 aus politischen Gründen einen Friedrich zum Herzog von Schwaben erhoben und ihm seine Tochter Agnes zur Frau gegeben. Diese Kaisertochter war für ihre Nachkommen zentraler Bezugspunkt und wichtiges Legitimationsargument hinsichtlich ihres Rangverständnisses. Herzog Friedrich I. und seine Söhne Friedrich II. – nicht zu verwechseln mit Kaiser Friedrich II. – und Konrad weiteten den Grundbesitz der Familie erheblich aus und galten als wichtigste Verbündete des salischen Kaiserhauses im Südwesten des Reiches. Nach dem Aussterben der Salier im Mannesstamm 1125 erhoben zuerst Friedrich II. von Schwaben und dann der spätere König Konrad III. (1138–1152) als Söhne der letzten Salierin Anspruch auf die Königswürde. Mit der Wahl Konrads III. zum römisch-deutschen König 1138 wurden die Staufer schließlich zu einer Königs- und Kaiserfamilie.

König Konrads zweiter Sohn Friedrich war erst sechs Jahre alt, als sein Vater 1152 starb. So bekam der Knabe einen Vormund, den Sohn des älteren Bruders seines Vaters, also seinen

Vetter. Dieser Vormund, der ebenfalls Friedrich hieß, nutzte seine neue Stellung aus und ließ sich von einem Teil der Fürsten selbst zum römisch-deutschen König wählen. Diesen Verrat – man könnte auch Staatsstreich sagen – konnte der neue König Friedrich I. Barbarossa (1152–1190) später von seinen Geschichtsschreibern galant zu einem reibungslosen Übergang der Königswürde vom Onkel auf den Neffen uminterpretieren lassen. So gelang es ihm gleich vom Beginn seiner Regierung an, für die Nachwelt zu einem guten Herrscher zu werden.

Friedrich I. Barbarossa versuchte auf seinem ersten Italienzug in den Jahren 1154 und 1155, den nach Autonomie strebenden oberitalienischen Städten viele frühere kaiserliche Rechte, die man Regalien nannte, wieder zu entziehen, was zu lang anhaltenden Konflikten führte. Dabei ging es auch um den *honor imperii,* die Ehre des Reiches. Die Ehre des Reiches und der kaiserlichen Majestät zu wahren, war im Mittelalter Antrieb zu manchen heute irrational erscheinenden Handlungen. Die oberitalienischen Städte vereinigten ihre Kräfte im Jahr 1167 in einem Lombardenbund, gegen den Barbarossa einige weitere Italienzüge unternahm, die jedoch überwiegend erfolglos blieben. Zudem verschärfte sich in der Zeit Barbarossas der Konflikt zwischen Kaiser und Papst, bei dem es um die Vorherrschaft im Abendland ging. Mit beiden Konflikten sollte später auch noch Kaiser Friedrich II. zu tun haben.

Bei der Heiratspolitik war Friedrich I. Barbarossa erfolgreicher. Mitte der 1180er Jahre gelang es ihm, die Heirat seines zweitältesten Sohnes Heinrich, des späteren Kaisers, mit der Normannenprinzessin Konstanze von Hauteville zu arrangieren. Die Vermählung fand am 27. Januar 1186 in Mailand statt. Im Jahr 1188 nahm der fast siebzigjährige Kaiser das Kreuz und brach ein Jahr später auf dem Landweg zu seinem zweiten Kreuzzug in Richtung Jerusalem auf. Er starb jedoch schon am 10. Juni 1190 unterwegs in Kleinasien.

Konstanze von Hauteville, die Mutter Friedrichs II., war die Tochter König Rogers II. (gest. 1154) von Sizilien. Er gehörte zu jenen Normannen, die aus Skandinavien stammten und sich Anfang des 10. Jahrhunderts zunächst in der Normandie niedergelassen hatten. Diese vermischten sich bald mit der dort lebenden gallo-romanischen Bevölkerung, nahmen den christlichen Glauben an und sprachen schon nach wenigen Generationen in einer altfranzösischen Mundart miteinander. Um die Mitte des 11. Jahrhunderts brachen die Normannen zu neuen Eroberungen auf. Ein Teil von ihnen unterwarf im Jahr 1066 unter der Führung ihres Herzogs Wilhelm, den man später den Eroberer nannte, England. Ein anderer Teil kämpfte in Süditalien, zunächst als Söldner in fremden Diensten, bald aber in eigener Sache, und gründete dort neue Reiche. Die erfolgreichsten dieser Söldner stammten aus der Familie des Tankred von Hauteville. Einer von Tankreds vielen Söhnen war Roger I. (gest. 1101), der die von Arabern beherrschte Insel Sizilien eroberte. Dessen Sohn Roger II. (1130–1154) gelang es nicht nur, die süditalienischen Herrschaften zusammenzufassen, sondern auch, sein Lebenswerk buchstäblich bekrönen zu lassen, als durch Papst Anaklet II. (1130–1138) Sizilien 1130 zum Königreich erhoben wurde. Das Königreich Sizilien, bestehend aus der namengebenden Insel und einem festländischen Teil, der fast die Hälfte des italienischen Stiefels umfasste, war geboren und sollte über sieben Jahrhunderte bestehen. Siziliens erster normannischer König, Roger II., war bereits vier Jahrzehnte tot, als 1194 sein Enkel Friedrich das Licht der Welt erblickte. Auch seine Tochter Konstanze, Friedrichs Mutter, kam erst nach seinem Tod zur Welt.

Dass die Erbschaft des normannisch-sizilischen Reiches letztlich über Konstanze von Hauteville an die Staufer kam, war eher ein Zufall und schien am Ende des 12. Jahrhunderts alles andere als wahrscheinlich. König Rogers Nachfolger wurden die Könige Wilhelm I., «der Böse» (1154–1166), und Wilhelm II., «der Gute» (1166–1189). Erst der Tod des «guten» Wilhelms II. im Jahr 1189 ebnete den Weg für einen Erbfall von Rogers jüngster Tochter Konstanze. Und nur durch die 1186 in Mailand geschlossene Ehe mit dem späteren Kaiser Heinrich VI. (1190–1197) eröffneten sich völlig neue Perspektiven einer dynastischen Zukunft für die Staufer in Süditalien.

Kaiser Heinrich VI., der Sohn und Nachfolger Friedrichs I.

Barbarossa, strebte die Vereinigung des Imperiums mit dem süditalienischen Normannenreich an, die in den Quellen als *Unio regni ad imperium* bezeichnet wird. Doch musste er Sizilien, das Erbe seiner Frau, erst mit dem Schwert erkämpfen. Am Weihnachtstag 1194 wurde Heinrich in Palermo zum König von Sizilien gekrönt. Einen Tag später kam sein Sohn Friedrich zur Welt. Das staufische Imperium erstreckte sich damit von der Nord- und Ostsee bis nach Sizilien. Für die Päpste bedeutete diese Nord-Süd-Umklammerung des Kirchenstaats eine existenzielle Bedrohung. Zumindest empfanden sie es so und setzten alles daran, diese «staufische Zange» wieder zu öffnen. Mit Kaiser Heinrichs unerwartetem Tod 1197 brach sein weitgespanntes Herrschaftsgebilde rasch zusammen. Im Königreich Sizilien übernahm seine Witwe Konstanze für den erst zweijährigen Friedrich die Regierung. In Deutschland überschlugen sich die Ereignisse, und es begann mit der doppelten Königswahl von 1198 ein jahrelanger Kampf um den Thron zwischen Heinrichs jüngerem Bruder und damit Friedrichs Onkel, König Philipp von Schwaben (1198–1208), und dem Welfen Otto von Poitou, dem späteren Kaiser Otto IV. (1198–1218). Da Philipp und Otto von unterschiedlichen Fürstengruppierungen zu Königen erhoben worden waren, kämpften beide jahrelang mit wechselndem Glück um die Krone. In Rom bestieg 1198 Innozenz III. Conti (1198–1216) den Papstthron, der die hegemoniale Stellung der Staufer durch einen weltweiten Herrschaftsanspruch – oder was man seinerzeit dafür hielt – der Päpste ersetzen wollte.

Festzuhalten bleibt zunächst, dass Friedrich aus zwei sehr unterschiedlichen kulturellen Traditionslinien stammte, einer schwäbisch-staufischen väterlicherseits und einer normannisch-sizilischen mütterlicherseits. Es stellt sich die Frage, welche der beiden für seine Sozialisation einflussreicher werden sollte. In der Historiographie hat die Betonung entweder der väterlichen oder der mütterlichen Prägung Konsequenzen für die Einordnung von Friedrichs Herrschaft im europäischen Rahmen. Eine starke Tradition, die die väterliche «staufische» Herkunft ins Zentrum der Deutung rückt, hat viele Biographen dazu verleitet, Friedrichs politisches Handeln aus einer nordalpinen, deutschen Sicht zu beurteilen. Doch zeigt sich immer wieder, dass Friedrichs Erfahrungen in der normannisch-mediterranen Welt prägender waren. Ein Großteil von Friedrichs politischen Entscheidungen folgt den Spielregeln des normannischen Siziliens. Und das bedeutet: Friedrich II. war und blieb während seiner gesamten Herrschaftszeit ein Sizilianer, und nur aus dieser Prägung sind zahlreiche seiner Handlungen zu verstehen.

Geburt und Kleinkindjahre

Ungewöhnlich für das Mittelalter ist, dass wir nicht nur das Geburtsjahr 1194, sondern mit dem 26. Dezember auch das genaue Geburtsdatum Friedrichs II. kennen. Viele Jahre später hat er das Feiern seines Geburtstages einmal geradezu befohlen, wie wir durch einen Eintrag zum Jahr 1233 aus der Chronik des Richard von San Germano wissen: «Der Kaiser ordnet an, dass sein Geburtstag im ganzen Königreich am Tag des Protomärtyrers Stephan (= 26. Dezember) großartig gefeiert werde [...], dergestalt, dass über 500 Arme auf dem Marktplatz mit Brot, Wein und Fleisch im Übermaß gespeist und gesättigt wurden.»

Angeblich sei Friedrich auf dem alten Markt von Jesi unter den Augen der verheirateten Frauen der Stadt in einem Zelt geboren worden. Heute trägt der Platz den Namen *Piazza Federico II*, und ein Brunnen mit einem von acht wasserspeienden Kalksteinlöwen bewachten Obelisken erinnert an die Geburt des bedeutendsten mittelalterlichen Sohnes der Stadt. Auch soll Konstanze ihr Kind öffentlich mit entblößter Brust genährt haben, und in jüngeren Überlieferungen wird der Kreis der Geburtszuschauer sogar noch größer. Doch alles das sind Legenden, die als eine Art Gegengift gegen das Geraune von der illegitimen Abkunft des Kaisers und um die Zweifel an der Mutterschaft Konstanzes zu zerstreuen rund dreißig Jahre nach Friedrichs Tode bewusst erfunden worden sind. Denn obwohl manche die Geburt als Geschenk des Himmels feierten und die Leibesfrucht als neu erschienenen Messias priesen, meldeten andere sofort Zweifel an der Rechtmäßigkeit des Säuglings an. Ei-

1 Der Säugling mit der Krone: Kaiserin Konstanze übergibt ihren Sohn Friedrich noch als Wickelkind an die Herzogin von Spoleto.

nige Quellen überliefern sogar, Friedrich sei der untergeschobene Sohn eines Metzgers, Falkners oder Müllers gewesen. Und da sich kaum etwas so zerstörerisch auf die Legitimation eines Herrscherhauses auswirkt wie der Vorwurf, ein Nachfolger sei untergeschoben worden, so kann man als Ursprung der Gerüchte von der alten Nonne mit dem falschen Balg, die ebenfalls umgingen, ganz klar die antikaiserlichen Parteien ausmachen. Der Verdacht war jedoch nicht ganz unbegründet. Konstanze von Sizilien war bereits zweiunddreißig Jahre alt, als sie 1186 mit Friedrich I. Barbarossas Sohn Heinrich verheiratet wurde, und sie war fast vierzig, als sie nach achtjähriger kinderloser Ehe 1194 einen Knaben zur Welt brachte. Doch erscheinen all die schönen Details, die Salimbene aus Parma, Giovanni Villani aus Florenz oder Giovanni Boccaccio darüber zu wissen glaubten, nur als Variationen des einen Themas: Schon von Anfang an konnte es bei dem größten Widersacher der Päpste nicht mit rechten Dingen zugegangen sein.

Seine ersten Lebensjahre verbrachte Friedrich nicht bei der

Mutter. Bereits im Alter von kaum drei Monaten wurde er in die Obhut der Herzogin von Spoleto gegeben. Friedrichs Ziehmutter der ersten Jahre, deren Namen wir nicht kennen, war die Frau des schwäbischen Adligen Konrad von Urslingen (gest. 1202) aus der Gegend von Rottweil am Neckar, der als Dienstmann Friedrichs I. Barbarossa um 1176 zum Herzog von Spoleto erhoben worden war. Als einer der engsten Anhänger Heinrichs VI. taucht er in den Quellen seit 1195 sogar als *regni Sicilie vicarius* auf, als bevollmächtigter Stellvertreter der Regentin Konstanze im sizilischen Reich. Das Herzogspaar residierte in der mittelitalienischen Stadt Foligno, nicht weit von Assisi, wo Friedrich getauft worden war. Am Herzogshof verbrachte Friedrich seine ersten Lebensjahre unter den Kindern des Herzogspaares, darunter zwei wenig ältere Jungen sowie die mit dem Kaiserspross etwa gleichaltrige Adelheid. Erst im Herbst 1197 kam der knapp dreijährige Friedrich an den Hof nach Palermo, nachdem sein Vater Kaiser Heinrich VI. gestorben war.

Der achte König von Sizilien

Friedrich II. stieg schon als Kleinkind in höchste königliche Würden auf. Bereits Ende 1196, als er noch nicht einmal zwei Jahre alt war, wurde er auf einem Hoftag im fernen Frankfurt am Main in Abwesenheit zum *rex Romanorum*, zum römisch-deutschen König, gewählt. Friedrichs Vater Heinrich VI. hatte diese Erhebung inszenieren lassen, um vor dem Aufbruch zum Kreuzzug seine Nachfolge geregelt zu wissen. Doch verzichtete Konstanze für Friedrich auf diesen Titel, nachdem dieser im Alter von drei Jahren am Pfingstsonntag, dem 17. Mai 1198, im Dom von Palermo zum König von Sizilien gekrönt worden war. Friedrich war damit bereits der achte König des noch jungen Reiches. Sein offizieller Herrschername wechselte nun von *Romanorum et Sicilie rex*, König der Römer und Siziliens, zum vollen sizilischen Königstitel *rex Sicilie, ducatus Apulie et principatus Capue*, König Siziliens, des Herzogtums Apulien und des Fürstentums Capua.

Der Verzicht auf die Würde des *rex Romanorum* kam einerseits den Interessen des Papstes entgegen, der aus Angst vor einer Umklammerung überaus empfindlich auf eine wie auch immer geartete Doppelherrschaft in Sizilien und dem nordalpinen Reich reagierte. Andererseits sollte der Verzicht auf den Titel Friedrichs Position in Sizilien stärken und hatte auch mit seinem Onkel im fernen Deutschland zu tun. Denn noch im Mai 1198 erfuhr Konstanze von der Erhebung Philipps von Schwaben, des jüngeren Bruders ihres verstorbenen Mannes, zum römisch-deutschen König.

Der junge König von Sizilien hatte noch nicht einmal sein viertes Lebensjahr vollendet, als am 27. November 1198 auch seine Mutter Konstanze starb und er zur Vollwaise wurde. In ihrem Testament war Papst Innozenz III. Conti zum Vormund für Friedrich eingesetzt und damit praktisch zum Regenten des Königreichs Sizilien gemacht worden. Doch auch Kaiser Heinrich VI. hatte ein Testament hinterlassen. Auf dieses berief sich der pfälzischstämmige Truppenführer Markward von Annweiler (gest. 1202), um für den unmündigen Friedrich die Regentschaft auszuüben. Nun begannen Jahre eines endlos scheinenden Gerangels um die Macht. Friedrich wurde zum Spielball zwischen den noch von seiner Mutter Konstanze eingesetzten Inhabern von Hofämtern wie dem stets um seine eigene Machtstellung bemühten Kanzler Walter von Pagliara (gest. nach 1229), den normannischen Baronen, den deutschen Herrschaftsträgern, die im Gefolge Kaiser Heinrichs VI. nach Sizilien gekommen waren, und den päpstlichen Legaten. In schwer durchschaubaren und ständig wechselnden Kräftekonstellationen versuchten die machtgierigen Akteure durch hinterhältige Aktionen, den Knaben und mit ihm die Herrschaft in die Hand zu bekommen.

Wie der minderjährige König seine Kindheit in Palermo verbrachte, wissen wir nicht genau. Dass er wie ein Stromer durch die Gassen streifte und sich mühselig von milden Gaben ernährte, die ihm die Bürger zusteckten, ist eine Legende. Dass Friedrich aber eine ritterliche Ausbildung erhalten und sich auch im Kampf geübt hat, erfahren wir aus einem auf das Jahr 1207 datierten Brief an seinen Vormund Papst Innozenz III. Sicher ist auch, dass er eine Reihe von Sprachen erlernt hat. Und wie der junge Held aus dem zu dieser Zeit verfassten Epos des Gottfried von Straßburg eignete sich der jugendliche König weitere Bildung an wie Lesen, Schreiben, Schachspielen und Jagen – mit einem Wort: die angesehenen Künste der höfischen Ritterkultur um 1200. Von all diesen Fähigkeiten machte er später reichlich Gebrauch, und schon allein die hohen dichterischen und wissenschaftlichen Ambitionen des Kaisers sind mit einer Jugend als Gassenjunge unvereinbar.

Am 26. Dezember 1208, dem 14. Geburtstag Friedrichs, fand die Vormundschaft des Papstes über den Kaisersohn und damit seine Regentschaft ihr Ende. Zwar noch nicht volljährig, doch handlungsfähig als Herrscher, war Friedrich in den Augen der Zeit ein Mann geworden. Seit seinen ersten Amtshandlungen zeigte der junge Sizilianer einen starken Willen zu einer eigenen Politik. Er drängte seinen alten Kanzler Walter von Pagliara aus der Verantwortung, nahm Einfluss auf die Besetzung des Palermitaner Erzbistumsstuhls und ließ die Rechtmäßigkeit vieler alter Privilegien prüfen. Vermutlich bereits im Oktober 1208 wurde der vierzehnjährige Friedrich aus dynastisch-politischen Gründen zum ersten Mal verheiratet. Seine Braut, Konstanze von Aragón (zwischen 1179 und 1184–1222), verfügte als rund ein Jahrzehnt ältere Frau über reichlich Lebenserfahrung – ein wichtiges Detail aus der Reifezeit des Jünglings. Im Jahr von Friedrichs Mündigkeit kam nördlich der Alpen sein Onkel Philipp durch Mörderhand ums Leben. Nun konnte sich sein Gegenspieler Otto IV. vollständig in Deutschland durchsetzen. Bald darauf begann er jene ausgreifende Italienpolitik zu verfolgen, die die Päpste eigentlich von den staufischen Herrschern befürchtet hatten. Im Juni des Jahres 1209 brach Otto mit einem starken Heer nach Italien auf und wurde am 4. Oktober 1209 in Rom von Papst Innozenz III. zum Kaiser gekrönt. Doch die schöne Eintracht zwischen dem neuen Kaiser und dem Pontifex hielt nicht lange. Kaiser Otto erkannte das sizilische Königtum Friedrichs – und damit auch die Lehnshoheit des Papstes darüber – nicht an. Er begann schon im Winter 1209/10 mit der Vorbereitung eines Kriegszuges gegen Sizilien. Die Adligen des festländischen Teils des Königreichs, ohnehin gewohnt, ihre feinen Mäntel beim leisesten Luftzug in den politisch veränderten Wind zu hängen, wechselten in das Lager Ottos. Unter den Verrätern befanden sich auch Diepold von Schweinspeunt, Graf von Acerra, und Graf Peter von Celano. Dieser war ein Schwager des Hofkanzlers Walter von Pagliara, der seit einiger Zeit im Verdacht stand, sich kräftig am Krongut bedient zu haben. Die Untreue des Grafen Peter nutzte Friedrich nun, um sich des alten Kanzlers zu entledigen, indem er ihm das Amt entzog.

Durch den Verrat des Adels konnte Kaiser Otto ziemlich unbehelligt nach Süditalien vorstoßen. Schon im Oktober 1211 bereitete er sich in Kalabrien darauf vor, auf die Insel überzusetzen. Auch von dort signalisierten einige Adlige und die Sarazenen, die starke Burgen in den Bergen im Landesinneren besaßen, dass sie Otto anerkennen wollten. Nach einer späteren Aufzeichnung heißt es, der bedrängte junge König Friedrich habe sogar schon eine Galeere im Hafen von Palermo für seine Flucht bereitgehalten. Doch im Augenblick der höchsten Gefahr wendete sich Fortuna, oder besser: die päpstlich gelenkte Fortuna, gegen Otto. Bereits im November 1210 hatte der Papst ihn exkommuniziert. Auf päpstliches Drängen kündigte ein Teil der deutschen Fürsten im September 1211 auf dem Hoftag zu Nürnberg Kaiser Otto den Gehorsam auf, darunter die mächtigen Erzbischöfe von Mainz und Magdeburg, König Ottokar von Böhmen sowie Heinrich, Landgraf von Thüringen. Sie riefen Friedrich dazu auf, die Krone zu übernehmen, und erhoben ihn sogar zum *alium imperatorem,* zum anderen Kaiser, ein ungewöhnlicher Titel, den sie aus dem an sie gerichteten päpstlichen Schreiben entlehnt hatten. Doch mit der Wahl wurde der junge Herrscher nun selbst Erbe jenes Grundkonflikts, der in der ständigen Angst der Päpste vor einer Nord-Süd-Umklammerung des Kirchenstaats wurzelte.

Als die höchst bedrohlichen Nachrichten Kaiser Otto erreichten, brach er sofort seinen Feldzug ab und eilte zurück nach Norden. Friedrichs sizilisches Königtum war gerettet. Doch nicht nur das: Anfang Januar 1212 brachte Anselm von Justingen, ein Gesandter der deutschen Fürsten, die Botschaft von der

Wahl mitsamt einer Aufforderung, nach Deutschland zu kommen, um die neue Würde auszufüllen. Dass Friedrich überhaupt gewählt worden war und nicht einfach erbte, so wie seine Mutter einst den sizilischen Thron geerbt hatte, hängt mit einer Besonderheit des mittelalterlichen Imperium Romanum zusammen. Die Amtsnachfolge war hier komplizierter als in vielen anderen Monarchien, weil sich freies Königswahlrecht und Geblütsrecht gegenseitig durchdrangen. Am sizilianischen Königshof allerdings hielt sich die Begeisterung über das Angebot aus dem Norden in Grenzen. Friedrichs Gemahlin Konstanze war sogar entschieden dagegen, es anzunehmen. Sollte Friedrich das deutsche Abenteuer trotzdem wagen?

Ein starkes Argument für den Zug nach Norden erwuchs aus der jüngst erlebten Bedrohung: Der Versuch Kaiser Ottos IV., das Königreich Sizilien zu erobern, zeigte dem jungen König nur zu deutlich die große Gefährdung, die ein starker Imperator des Nordens, wie auch immer er hieß, ständig für Sizilien bleiben musste. Und es war nur eine Frage der Zeit, dass ein neues Heer Kaiser Ottos nach Süden vorstoßen würde. Zur Sicherung seiner sizilischen Erblande gab es jedoch nur zwei Möglichkeiten: Entweder verharrte der König von Sizilien in permanenter Wachsamkeit und Abwehrbereitschaft, oder aber er wurde selbst der Imperator, um vom Norden aus den Schutz des Südens zu sichern. So schien es aus politischer Notwendigkeit vor allem gegenüber dem Königreich Sizilien geraten, sich auf den weiten Weg nach Norden zu machen.

Der apulische Knabe wird zum Staufer, 1212–1220

Friedrich entschied sich, die Herausforderung anzunehmen. Doch vor seiner Abreise galt es, noch einige Dinge zu regeln. Zum einen musste er dem Papst einen Lehnseid leisten. Das tat Friedrich zunächst noch in Palermo vor einem Legaten, verbunden mit der Zusicherung, den Eid vor dem Papst zu wiederholen. Zum anderen ließ Friedrich Anfang März 1212 seinen kaum einjährigen Sohn Heinrich zum König von Sizilien krönen. Und schließlich bedurfte es noch einiger Rechtsakte, um die Stellung seiner Frau als Regentin zu bekräftigen. Dann bestieg der siebzehnjährige Herrscher mit wenigen Begleitern ein Schiff und fuhr mit einem Zwischenaufenthalt in Gaeta nach Rom. Mit an Bord befand sich Berard von Castagna (gest. 1252), der Erzbischof von Bari und spätere Erzbischof von Palermo, der Friedrich auf nahezu allen Stationen seines Lebens begleiten sollte. Seit seiner Aufnahme in den Kreis der Familiaren, also der engsten Hofumgebung, im Jahr 1210 gehörte er neben Petrus de Vinea und Hermann von Salza zu den einflussreichsten Beratern und blieb dem Kaiser bis über dessen Tod hinaus treu.

In Rom wurde Friedrich begeistert empfangen. Hier am Tiber begegnete er zum ersten und einzigen Mal seinem früheren Vormund, Papst Innozenz III., und leistete ihm erneut den Lehnseid. Von der Ewigen Stadt aus ging die Reise weiter auf dem Seeweg nach Genua, wo er am 1. Mai 1212 eintraf. Am 15. Mai brach Friedrich zu Pferd in Begleitung eines päpstlichen Legaten, des Markgrafen von Montferrat und Abgesandten von Pavia und Cremona, nach Norden auf. Von Genua aus wurde die Reise allerdings noch gefährlicher als eine Fahrt zur See, weil die oberitalienischen Städte in ihren Interessenkonflikten untereinander den Kampf zwischen den Königen Philipp und Otto für sich genutzt hatten. Daher stand zum Beispiel Mailand auf Seiten Ottos, während Cremona und Pavia zur Partei Philipps und damit auch Friedrichs hielten. Die argwöhnischen Mailänder und Piacentiner ließen auf dem Po sogar Boote durchsuchen, weil sie glaubten, Friedrich wolle sich heimlich durch ihr Gebiet schleichen. Beinahe hätten die Mailänder den jungen sizilischen König auf seinem Weg nach Norden auch tatsächlich in die Hände bekommen.

Die *Annales Mediolanenses Minores*, die «Kleinen Mailänder Annalen», berichten von einer Demütigung Friedrichs, die seine Ehre verletzte und wahrscheinlich die Ursache dafür war, dass ein Kompromiss mit den Mailändern für Friedrich nie mehr in Betracht kam. Die Annalen berichten zum Jahr 1212: «Im Juli wurden am Berg Marum viele Pavesen gefangengenommen.» Und dann weiter wörtlich über Friedrich: «*balneavit sarabulum in Lambro*, er badete seine Hose im Lambro.» Nasse Hosen also hatte Friedrich sich bei seiner Flucht geholt. Was für eine Schmach! Und die *Notae sancti Georgii Mediolanenses,* die «Notizen von St. Georg zu Mailand», bezeichnen den König, als sie auf das Entkommen Friedrichs zu sprechen kommen, sogar als «Zaunkönig». Die ganze Gehässigkeit erschließt sich jedoch nur, wenn man das hier verwendete lateinische Wort *reatinus*, oder *reattino* im Italienischen, für Zaunkönig als den fast kleinsten Vogel Europas versteht, eben den *re della macchia,* den König des Gestrüpps.

Doch trotz aller Nachstellungen gelangte Friedrich weiter nach Norden, erreichte Mantua, Verona, Trient. Er fand Unterstützung bei den Bischöfen von Trient und Chur sowie dem Abt von Sankt Gallen. Nach mühevollen Bergritten erreichte der junge König im September 1212 endlich den Bodensee. Beim Bischof von Konstanz, Konrad II. von Tegerfelden (1209–1233), stand seine Lage noch einmal auf der Kippe: Kaiser Otto IV. war es gelungen, nach der Rückkehr von seinem missglückten Süditalienfeldzug einen großen Teil der deutschen Fürsten wieder hinter sich zu bringen. Er eilte nach Süden, dem Sizilianer entgegen. Schon hatte er Überlingen am Nordufer des Bodensees erreicht und hier sein Lager aufgeschlagen. Durch Boten war vereinbart worden, dass Otto in Konstanz empfangen werden würde, ja man war schon damit beschäftigt, die Tafel für den Empfang des Kaisers einzudecken. Da meldeten die Torwächter das Nahen Friedrichs von Süden, eskortiert von Bewaffneten des Churer Bischofs und des Abts von Sankt Gallen. Konrad von Konstanz öffnete die Tore für Friedrich, wodurch der junge König diese so wichtige Stadt im Südwesten ohne Kampf für sich gewinnen konnte. Es schien wie ein Schicksalszeichen: Wären Friedrich und sein Gefolge nur wenige Stunden später vor den Mauern von Konstanz erschienen, wäre seine Sache als zukünftiger Kaiser vermutlich verloren gewesen. Wer weiß, ob er überhaupt in Deutschland hätte Fuß fassen können. Und hätten ihn die Mailänder bereits am Lambro in die Hände bekommen, wäre seine Geschichte zu Ende gewesen.

Von Konstanz aus zog Friedrich weiter nach Basel, wo ihm ein festlicher Empfang bereitet wurde und sich Heinrich von

Vehringen, Bischof von Straßburg (1201/1202–1223), mit fünfhundert Kämpfern einfand. Auch bedeutende Grafen der Region erschienen, etwa Ulrich von Kyburg oder Rudolf von Habsburg (gest. 1232), der gleichnamige Großvater des späteren Königs. Schon in Konstanz, aber vor allem hier in der Bischofsstadt am Rheinknie begann der siebzehnjährige Sizilianer jene zahlreichen Privilegien zu vergeben, mit denen er in den ersten Jahren seiner deutschen Königszeit zur Konsolidierung der eigenen Herrschaft seine Parteigänger belohnte und neue Anhänger für den bevorstehenden Kampf mit Kaiser Otto IV. zu gewinnen suchte. Dazu gehörten auch drei Urkunden für den mächtigsten und vornehmsten der Reichsfürsten, den König von Böhmen, sowie den Markgrafen von Mähren. Die Stücke werden als *Sizilische Goldene Bullen* bezeichnet, weil sie noch mit Friedrichs sizilischem Königssiegel in Gold beglaubigt wurden. In den tschechisch-deutschen Nationaldiskursen des 19. und 20. Jahrhunderts spielten sie eine wichtige Rolle, weil man darin die schriftlich bestätigte Eigenstaatlichkeit der Tschechen zu erkennen glaubte.

Von Basel aus zog der junge König in den letzten Septembertagen 1212 weiter rheinabwärts nach Hagenau. Hier vergab Friedrich weitere Privilegien und Vergünstigungen an seine nun rasch wachsende Zahl von Anhängern, darunter die Herzöge Friedrich III. von (Ober-)Lothringen (gest. 1213), Leopold VI. von Österreich (gest. 1230), Bertold V. von Zähringen (gest. 1218) sowie Siegfried II. von Eppstein, Erzbischof von Mainz (1200–1230), und Lupold, Bischof von Worms (gest. 1217). Seit 1211 war auch Ludwig I., genannt «der Kelheimer», Herzog von Bayern (1173–1231) aus dem Geschlecht der Wittelsbacher, Parteigänger des jungen Königs, was sich im Jahre 1214 für ihn auszahlte. Ludwig wurde mit der begehrten Pfalzgrafschaft bei Rhein belehnt. Am 5. November 1212 kam es in Frankfurt am Main zur erneuten förmlichen Königswahl, vier Tage später in Mainz zur Königskrönung durch den Erzbischof von Mainz, Siegfried II. von Eppstein. Der junge König Friedrich von Sizilien hatte sich, zumindest im Südwesten des Reiches, fest etabliert.

Halb mitleidig, halb liebevoll wurde in dieser Zeit in einer Reihe von Zeugnissen ein Kosename für den jugendlichen Friedrich verwendet: *puer Apuliae*, *infans Apuliae*, *adolescens Apulus*, Knabe aus Apulien oder apulischer Junge. Die erst nach Friedrichs Tod verfasste Fortsetzung der sogenannten Regensburger *Kaiserchronik* griff diesen lateinischen Kosenamen auf und brachte ihn ins Deutsche: *daz chint, den man von Pülle hiez.* Dass der spätere Kaiser in der Chronik das *chint von Pülle* genannt wird, belegt, dass man Friedrich nördlich der Alpen zumindest anfangs als einen Apulier ansah, wobei die Bezeichnungen Apulien und Sizilien offenbar synonym gebraucht wurden. Bedeuten sollte es jedenfalls: Herrscher aus dem Süden, Herrscher von weit her. Das Ferne und Fremde mischte noch ein Quäntchen Bewunderung in den Klang des Kosenamens. Später tauchte diese Bezeichnung in den gereimten volkssprachlichen Weltchroniken immer wieder auf. Jans Enikel, ein Wiener Bürgersohn und Dichter, reimte zwischen den 1370er und 1380er Jahren, als er auf den Herrscher aus dem Süden zu sprechen kam: *daz kint von Pülln lant, daz dô Fridrîch wart genant.* In der Kompilation des Heinrich von München, die zur gleichen Zeit entstand, endet der Text mit dem Tod des Kaisers, *den man Fridreich von Pullen hiez.*

Doch der «Knabe aus Apulien», *daz kint von Pülln lant,* war mittlerweile längst kein Kind mehr. Der junge König Friedrich von Sizilien hatte sich von Anfang an als sizilischer Mann gezeigt, energisch und durchsetzungsstark, und das nicht nur auf der Insel seines Königreiches, sondern auch bei der Gewinnung der neuen Herrschaft im Norden. Sein rascher Erfolg beruhte einerseits auf seinem schnellen, energischen Zugriff auf das Herzogtum Schwaben. Hier im Südwesten des Reiches hatte Kaiser Otto IV. ohnehin immer eine schwache Position besessen. Andererseits gelang es Friedrich durch seine Freigebigkeit, wichtige Anhänger zu gewinnen. Mit reichen Geldgeschenken und der Übertragung von Ländereien und Rechten vermochte er bedeutende und einflussreiche Fürsten an sich zu binden. Diese Freigebigkeit, die heutige Rechnungshöfe als ungeheure Verschwendung bezeichnen würden, gehörte im Mittelalter unter dem Begriff *milte* zu den wesentlichen und grundnotwendigen Eigenschaften eines guten Königs. Fehlende *milte* galt im Mittelalter als Mangel an Herrschaftsfähigkeit.

Das wissen wir unter anderem von einem Dichter, der nicht sein Schwert, sondern seine Leier in den Dienst des Königs stellte. Er gehörte zu den von Friedrich Begünstigten und hat die mangelnde *milte* seiner Vorgänger mit Abfall quittiert. Es war der landlose, möglicherweise aus niedrigem österreichischem Adel stammende Ministeriale Walther von der Vogelweide (um 1170 – um 1230), dem der junge König ein kleines Lehen im Raum Würzburg überließ, vielleicht tatsächlich Land, vielleicht auch nur Einkünfte von einem solchen. Dafür dichtete Walther ab 1213 eine Reihe von lobenden Versen auf Friedrich von Sizilien, den *von Pülle künic*, wie er ihn sah. Was klug eingesetzte *milte* zu leisten vermochte, das hatte Friedrich also offenbar erkannt und zur Gewinnung einer breiten Anhängerschaft bewusst eingesetzt. Zu großzügige *milte* bewirkte jedoch umgekehrt, dass irgendwann nichts mehr oder nur noch wenig an Einkünften vorhanden war, das sich verteilen ließ. Das sollten die «kleinen Könige» nach Friedrich noch zu spüren bekommen.

Die Herrschaft nördlich der Alpen war am Ende des Jahres 1213 allerdings immer noch nicht vollständig errungen, geschweige denn gefestigt. Nun mussten noch andere Dinge zum Einsatz kommen als nur Waffen, französisches Geld und Versprechungen. Nach wie vor galt es, das Vertrauen des staufischen Anhangs weiter zu stärken, auf möglicherweise zum Seitenwechsel bereite Gegner einzuwirken und der Welt die Legitimität des eigenen Königtums zu demonstrieren. Friedrich spielte dafür weiter die staufische Karte, wie man den Griff des jungen Sizilianers nach dem Staufererbe und das Eintreten in das Umfeld südwestdeutscher Personenverbände und Traditionen vielleicht nennen könnte. Dazu gehörte auch die Erhebung des Leichnams seines Onkels Philipp von Schwaben, der seit seiner Ermordung 1208 in Bamberg bestattet lag. Die Überführung und anschließende Bestattung in Speyer am 29. Dezember 1213, wo man ihn zu den dort zahlreich ruhenden salischen Herrschern bettete, stellt einen klassischen Fall dar, wie ein Grabritual Legitimation stiften konnte. Denn der alte Kaiserdom am Rhein mit seiner Königsgrablege galt sowohl als dynastisch-salisch-staufischer als auch königlich-amtsträgerischer Gedächtnisort. Und weil Herrschaft nicht nur aus der Herkunft, sondern auch aus den Erwartungen für die Zukunft Legitimität bezog, eigneten sich Grablegen ganz besonders als Orte, an denen man einen Herrschaftsanspruch erheben oder untermauern konnte. So sollte die Umbettung Philipps von Schwaben in die alte Königsgrablege in Speyer durch Friedrich II. sowohl die Kontinuität der staufischen Herrschaft als auch Friedrichs Anspruch auf die Krone vor Augen führen. Der junge König inszenierte sich auf diese Weise für alle sichtbar als der legitime Nachfolger seiner staufischen Vorgänger.

Eine weitere wichtige Vorentscheidung im Kampf um die Krone zwischen Kaiser Otto IV. und dem jungen sizilischen König Friedrich fiel am 27. Juli 1214 in Flandern, in der Nähe eines Dorfes zwischen Lille und Tournai, am Blutsonntag von Bouvines. Hier besiegte in einer gewaltigen Ritterschlacht das Heer des französischen Königs Philipp II. August (1180–1223) die verbündeten Heere des englischen Königs Johann I. Ohneland (1199–1216) und des römisch-deutschen Kaisers Otto IV. Die Niederlage der englisch-welfischen Verbündeten besiegelte die endgültige Unterlegenheit Kaiser Ottos IV. in der Auseinandersetzung mit dem sizilischen Gegenkönig Friedrich. Obwohl Otto erst 1218 starb, beendete die bald auf die Schlacht folgende erneute Krönung Friedrichs II. zum König im Jahr 1215 praktisch die siebzehn lange Jahre währende Zeit des Doppelkönigtums und die bürgerkriegsähnlichen Wirren im Reich. Ein anderer Ausgang der Schlacht hätte womöglich den Aufstieg Friedrichs schlagartig beendet und Kaiser Otto in eine unangreifbare Position der Stärke versetzt. Dem jungen König Friedrich war bei Bouvines ein militärischer Erfolg zugefallen, ohne dass der Sizilianer auch nur einen einzigen eigenen Schwertstreich führen musste.

Im Sommer des Jahres 1215 erschien Friedrich am Niederrhein, und am 24. Juli konnte er in Aachen einziehen, das noch ein Jahr zuvor seinen Lanzen getrotzt hatte. Hier in der alten Kaiserstadt, «der Hauptstadt und dem Sitz des deutschen Königtums», wie es in einer Urkunde Friedrichs heißt, wurde er am 25. Juli erneut zum *rex Romanorum* gekrönt. Und abermals trat der Erzbischof von Mainz, Siegfried II. von Eppstein, als Koronator auf. Die Krönung war Teil einer ganzen Serie von rituellen Handlungen. Auf sie folgten in Aachen zwei weitere hochsymbolische Rituale: der Schwur, einen Kreuzzug ins Heilige Land zu unternehmen, und die eigenhändige Schließung eines Heiligenschreins, der die Gebeine Karls des Großen barg. Schon ein halbes Jahrhundert zuvor, im Jahr 1165, hatte Friedrich I. Barbarossa die Erhebung der Gebeine Karls des Großen und seine Heiligsprechung in Szene setzen lassen. Es ging darum, Karl den Großen als einen «Reichsheiligen» für das mittelalterliche Imperium Romanum zu etablieren. Als Enkel Friedrichs I. Barbarossa wollte Friedrich II. während seines Krönungsaufenthaltes in Aachen 1215 mit einer erneuten Schreinlegung der Gebeine des heiligen Karl kundtun, dass er nicht nur ein Amtsnachfolger Karls des Großen war, sondern auch ein Nachfahre aus dem Samen des heiligen Karl. Der Kleriker Rainer von Lüttich (1157–1230) berichtet: Friedrich legte seinen Mantel ab, «nahm einen Hammer, erstieg mit dem Werkmeister das Gerüst und schlug vor aller Augen zusammen mit dem Meister die Nägel des Schreins fest». Die Sorge um die Gebeine ist meine persönliche, selbstverständliche Pflicht, so die Botschaft des Rituals, die ich demutsvoll erfülle. Und schon wie der große Karl und Barbarossa, so nehme auch ich das Kreuz, denn Kreuzzüge zum heiligen Grab zu führen war und ist Aufgabe eines wahren Kaisers! Die Krönung auf dem Aachener Steinthron, die Einschließung der Gebeine Karls des Großen und die Kreuznahme bildeten eine Legitimationstrias, die Friedrich als unanfechtbaren zukünftigen *imperator Romanorum* empfahl. Pikanterweise hatte Friedrichs Gegner, Kaiser Otto IV., große Summen für die Herstellung des kostbaren Schreins zur Verfügung gestellt, der Nutznießer davon aber war nun Friedrich.

Bald darauf begannen Verhandlungen mit dem Papst über

Friedrichs Krönung zum Kaiser. Im Frühjahr 1216 erschien ein päpstlicher Legat in Deutschland, um die leidige Frage des künftigen Verhältnisses von Imperium und Kaiser zum Königreich Sizilien noch einmal zu klären. Die Frage war ja bereits im Juli 1213 in Verbindung mit den weitreichenden Zugeständnissen an den Papst thematisiert worden, als Friedrich in Eger Versprechungen erneuerte, die vier Jahre zuvor Kaiser Otto IV. der Römischen Kirche gegeben hatte. In diesem als «Goldbulle von Eger» bekannten Dokument hatte Friedrich gelobt, auf wichtige Gebiete in Mittelitalien, wie das Herzogtum Spoleto oder die Mark Ancona, sowie weitere Rechte zugunsten des Kirchenstaates zu verzichten. In Straßburg wurde nun am 1. Juli 1216 in Anwesenheit des Kardinallegaten dem Papst ein Versprechen gegeben, das Friedrich jedoch nie einlöste. Sofort nach seiner Kaiserkrönung, so ließ er beurkunden, wolle er seinem Sohn das Königreich Sizilien als päpstliches Lehen übergeben und selbst auf die sizilische Königswürde verzichten. Es solle nicht der Eindruck aufkommen, es werde zu irgendeiner Zeit irgendeine Form der *unio regni ad imperium*, der Einheit des sizilischen Reiches mit dem Kaiserreich, geben. Doch das war gelogen, denn Friedrich trug zeit seines Lebens weiter die sizilische Königskrone, und bereits während des Straßburger Versprechens liefen Vorbereitungen, seinen erstgeborenen Sohn Heinrich aus Sizilien nach Deutschland holen und ihn hier zum römisch-deutschen König krönen zu lassen. Kurz nach den Verhandlungen mit dem Legaten starb Friedrichs großer Förderer und früherer Vormund auf dem Apostelthron, Papst Innozenz III. Conti, überraschend im Juli 1216 mit sechsundfünfzig Jahren. Friedrichs Gemahlin Konstanze von Aragón und ihr gemeinsamer, mittlerweile fünfjähriger Sohn Heinrich trafen spätestens Anfang Dezember 1216 am Hof in Nürnberg ein. In den nächsten Jahren wurde der erstgeborene Heinrich gelegentlich in den Urkunden seines Vaters erwähnt, und Ende April 1220 gelang es Friedrich auf dem Hoftag in Frankfurt am Main, ihn zum *rex Romanorum*, zum römisch-deutschen König, wählen zu lassen. Lange Verhandlungen zwischen Friedrich und den Fürsten waren der Wahl vorausgegangen, zahlreiche Versprechungen waren gemacht und viele Vergünstigungen, besonders an die geistlichen Fürsten, vergeben worden. Sie sind in einer berühmten Urkunde vom 26. April 1220 niedergelegt, die man als *Confoederatio cum principibus ecclesiasticis*, als Bündnis mit den Fürsten der Kirche, bezeichnet. Eine ganze Reihe von ehemaligen Königsrechten war zuvor schon in die Hände der Bischöfe gelangt, was sie nun verbrieft haben wollten. Dazu gehörte etwa der große Komplex der Münz- und Zollrechte, der zu einer erheblichen Stärkung der geistlichen Landesherrschaft führen sollte – und umgekehrt natürlich zu einer Schwächung der Königsmacht.

Da der kleine König Heinrich VII. noch nicht mündig war, lag die Regierungsgewalt in den Händen von Vormündern und herrschernahen Adligen, allen voran Engelbert I., Erzbischof von Köln (1216–1225), Ludwig, Herzog von Bayern, und Konrad, Bischof von Metz und Speyer. Friedrich ernannte Bischof Konrad am 17. April 1220 auch noch zum Generallegaten für Italien und beauftragte ihn zudem mit der Vorbereitung des Romzuges. In relativ kurzer Zeit war es Friedrich von Sizilien gelungen, seine Stellung als Spielball fremder Mächte, der Barone Siziliens oder des Papstes, in eine ausgesprochene Machtposition zu verwandeln. Dabei hatte er, begünstigt durch eine Reihe glücklicher Zufälle, außergewöhnliches politisches Geschick bewiesen sowie einen ausgeprägten Sinn für die Bedeutung von Ritualen und Gesten. Zudem scheint ihm seine erstaunlich gut entwickelte Fähigkeit geholfen zu haben, seine Umgebung gezielt zu beeinflussen. Seine Überzeugung, das nahezu Unmögliche durch Willenskraft doch noch erreichen zu können, sollte für seine späteren politischen Aktionen jedoch zu einer lähmenden Fessel werden. Doch zunächst war aus dem *chint von Pülle* mit den nassen Hosen, das auf fremdes Geld und fremde Waffen angewiesen war, der anerkannte *rex Romanorum* geworden. So konnte er nun nach dem nächsten Stern greifen: dem Römischen Kaisertum.

2. Der junge Kaiser

Die Kaiserkrönung 1220 und die Idee der imperialen Herrschaft

Der Tag der heiligen Caecilia, ein besonderer Festtag im Kirchenjahr, fiel am 22. November 1220 auf den letzten Sonntag vor dem Ersten Advent. An diesem Tag wurde Friedrich, noch nicht einmal vierundzwanzig Jahre alt, zum *Imperator Romanorum*, zum Kaiser der Römer, gekrönt. Auch seine Frau Konstanze empfing das imperiale Diadem. Noch kurz vor der Krönung hatten Delegationen des Papstes und des jungen Herrschers intensiv verhandelt, etwa um die alte Streitfrage des staatsrechtlichen Verhältnisses Siziliens zum Reich oder um reiche Besitzungen in der Toskana. König Friedrich sicherte dem neuen Papst Honorius III. Savelli (1216–1227) die immerwährende Trennung von *regnum* und *imperium* zu, und der Papst wollte ihm glauben. Dem Pontifex waren zunächst andere Dinge wichtiger; ein baldiger Kreuzzug unter Friedrichs Führung etwa stand nach wie vor ganz oben auf seiner Wunschliste an den zukünftigen Kaiser.

Da es leider keine direkten Berichte über die vollzogenen Krönungsrituale gibt, behelfen sich Historiker mit der gut begründeten Annahme, dass die Rituale bei der Erhebung Friedrichs denjenigen entsprochen haben werden, die in den *ordines* – den Krönungsordnungen – schriftlich festgelegt waren, damit im Ablauf nichts durcheinanderkam. Zum Grundbestand dieser Rituale gehörte eine Salbung des zukünftigen Imperators mit geweihtem Öl, durch die diesem eine besondere Nähe zu Gott vermittelt werden sollte. Höhepunkt der Zeremonien, die sich über Stunden hinzogen, war die eigentliche Krönung, die traditionell an dem über dem Grab Petri errichteten Altar in Sankt Peter stattfand. Der Papst setzte dem Herrscher zuerst eine Mitra und darüber eine Krone auf und sprach Worte der

Weihe. Dann wurden dem Imperator das Zepter, der Reichsapfel und etwas später ein Schwert zur Verteidigung der Kirche übergeben. Nach weiteren Formeln, Gebeten und Hymnen nahm der neue Kaiser Mantel und Krone wieder ab und zelebrierte gemeinsam mit dem Papst die Messe, bei der der Imperator nun wie ein Subdiakon ministrierte.

Einige Krönungsgewänder und Insignien, die Friedrich dabei trug, haben die Zeiten überdauert. Zu großen Teilen ist der von ihm getragene Ornat erst aus Anlass der Kaiserkrönung in Palermitaner Werkstätten hergestellt worden, wie etwa die feinbestickten Handschuhe und ein perlen- und edelsteinbesetztes Zeremonialschwert. Der heute in der Kathedralstadt Metz aufbewahrte Seidenmantel des Kaisers ist wahrscheinlich nach seiner glanzvollen Nutzung am Krönungstag in Rom durch Friedrichs Berater Konrad von Scharfenberg, den Bischof von Speyer und Metz, als ein besonderes kaiserliches Geschenk in den dortigen Domschatz gelangt. Doch welche Krone Friedrich trug, wissen wir nicht genau. Die sogenannte Reichskrone, die heute in Wien verwahrt wird, war es jedenfalls nicht. Sie erhielt erst im Spätmittelalter ihre hervorgehobene Bedeutung. Vielleicht trug Friedrich sogar jene Haubenkrone, die man 1781 im Marmorsarkophag seiner ersten Frau, Konstanze von Aragón, fand. Bei dieser Krone handelt es sich um ein Kamelaukion, wie es von den oströmischen Kaisern in Konstantinopel verwendet wurde. Sie verweist also auf einen normannisch-byzantinischen Zusammenhang. Möglicherweise hat Friedrich seiner ersten Gemahlin, die er in seinem siebenundzwanzigsten Lebensjahr verlor, seine eigene Krone mit ins Grab gegeben.

Wie schon bei der Krönung zum König in Aachen 1215 nahm Friedrich erneut, nun als Kaiser, das Kreuz. Mit dieser Geste verpflichtete er sich noch einmal zu einem Kreuzzug. Die Kreuzzugsbewegung war, wie Friedrich damit demonstrierte, wieder zu einer programmatischen Aufgabe des Kaisertums geworden. Anschließend sicherte der frisch geweihte Kaiser der Kirche Rechte zu, die als Krönungskonstitutionen im ganzen Reich Geltung haben sollten. Diese zehn Gesetze ließ der Kaiser den Fürsten und Völkern seines Reichs verkünden und befahl den Rechtsgelehrten in Bologna, sie in ihre Rechtssammlungen einzutragen. Sie sollten «ewig» gültig bleiben. Unmittelbar nach der Krönung, noch vor der Peterskirche, hielt der Kaiser dem Papst den Steigbügel und führte, selbst zu Fuß, dessen Pferd einige Schritte am Zügel. Diese Handlungen muten wie die eines Pferdeknechts an und werden als *officium strepae,* Bügeldienst, und *officium stratoris,* Stratordienst, bezeichnet. Da sie in ihrer Bedeutung zwischen dem Bekunden eines Vasallenverhältnisses und höflicher Ehrbezeugung changierten, waren sie bei vielen Begegnungen zwischen Kaisern und Päpsten besonders umstritten.

Der Empfang des Kaiserdiadems durch den jungen Friedrich von Sizilien 1220 erscheint aus heutiger Sicht wie ein glanzvolles Finale und zugleich ein Abgesang auf jene alten Krönungssitten, wie sie von den Päpsten in Rom an den nordalpinen Herrschern vollzogen worden sind. Zwar hatte noch 1209 Kaiser Otto IV. hier seine Krone empfangen, und die 1217 erfolgte erste und zugleich letzte Krönung eines byzantinischen Kaisers in Rom gaukelte dem Papst sogar kurz die Illusion einer universalen Herrschaft vor, als könne der römische Pontifex fortan sogar zwei Kaiserkronen verleihen, nämlich die des West- und die des Oströmischen Reiches. Doch es kam ganz anders. Erst zweiundneunzig Jahre nach Friedrichs Erhebung sollte es wieder eine Kaiserkrönung in Rom geben, als nämlich im Jahr 1312 der Luxemburger Heinrich VII. hier die Kaiserweihen empfing. Doch was für ein Kaiser war Friedrich eigentlich geworden und über welche Gebiete gebot er?

Als Herrschaftsbereich des Kaisers der Römer sah man im gesamten Mittelalter das nie erloschene Römische Reich an. Es sollte von Caesar (100–44 v.Chr.) und Augustus (63 v.Chr.–14 n.Chr.) begründet worden sein und war somit schon durch sein Alter geadelt. In diesem Reich war Christus geboren und der wahre Glaube schließlich zum Sieg geführt worden. Von Kaiser Konstantin (306–337) rührte seine christliche Prägung her. Das Reich garantierte somit die Einheit der Kirche. Durch die Kaiserkrönungen Karls des Großen (768–814) und Ottos des Großen (936–973) in den Jahren 800 und 962 erbten die Ostfranken und späteren Deutschen die imperiale Würde und fügten aus den Königreichen Deutschland, Burgund und Italien das Imperium. Im Zuge der Herrschaftsausdehnung nach Mittel- und Osteuropa und des Landesausbaus, die sich im 13. Jahrhundert besonders entfalteten, wurden weitere Gebiete miteinbezogen. Neben seinem römischen Erbe war die Ausdehnung in nichtfränkische Gebiete ein besonderes Kennzeichen des mittelalterlichen Römischen Reiches. Anfangs störten sich die Kaiser des Westens noch daran, dass es in Konstantinopel eine ungebrochene Abfolge römischer Imperatoren gab. Doch spielte mit zunehmender Schwäche des oströmischen Reiches dieses «Zweikaiserproblem» bald keine große Rolle mehr.

Weil dem Reich eine zentrale Stellung in der göttlichen Ordnung zukam, trug es seit der Zeit Friedrichs I. Barbarossa (1152–1190) sogar das Adjektiv *sacrum,* «heilig», in seinem offiziellen Titel. Der Glanz dieser Heiligkeit strahlte im Grunde bis zum verfassungsrechtlichen Ende des Reiches 1806. Das *sacrum imperium Romanum,* dessen 89. Kaiser ab Augustus seit 1220 der junge Friedrich war, breitete seinen weiten Mantel lange Zeit über völlig unterschiedliche Herrschaftsformen und Gemeinwesen aus. Und im Bewusstsein, in all diesen Traditionen zu stehen, empfand Friedrich als Kaiser gegenüber den anderen Monarchen eine besondere Auserwähltheit, die auch seine Politik stark beeinflusste.

Ein Teil von Friedrichs Kaiserreich trug den Namen «Reichsitalien» und wies völlig andere Strukturen auf als das sizilische Königreich. Es bestand hauptsächlich aus der Lombardei mit ihren entwickelten Kommunen und einigen weiteren mittelitalienischen Herrschaften. Zwischen dem kaiserlichen Herrschaftsanspruch und der tatsächlichen Befehlsgewalt bestand gerade in diesen Territorien ein gewaltiger Unterschied, wie Friedrich noch erfahren sollte.

Herrschaftssicherung im Süden und die Deportation der Sarazenen

Nach seiner Krönung in Rom zog Friedrich weiter nach Süden in sein Königreich Sizilien, um das Land zu ordnen und die seit seiner Abreise acht Jahre zuvor immer aufsässiger werdenden Barone zu disziplinieren. Bereits kurz nach seiner Rückkehr erließ er 1220 erstmals Gesetze für das Sizilische Reich, die als Assisen von Capua bekannt geworden sind. Doch diesen Gesetzen Geltung zu verschaffen, war eine andere Sache. Ein vordringliches Problem bestand darin, dass der Kaiser zu Beginn seiner Regierung über einen Teil der königlich-normannischen Burgen und Kastelle, die etwa noch König Wilhelm II. nutzen konnte, überhaupt nicht verfügte. Zahlreiche Befestigungen befanden sich seit den Zeiten seiner Unmündigkeit und Abwesenheit in den Händen des sizilischen Adels. Es galt nun, diese Stützpunkte der königlichen Herrschaft wieder in die Verfügungsgewalt der Krone zu bringen. Ein Teil der Assisen von Capua trug daher den Titel *De novis edificiis deruendis,* «Über die Zerstörung neuer Bauten». Der junge Kaiser forderte nämlich nicht nur sämtliche entfremdeten Güter zurück, sondern befahl auch, alle seit 1189 eigenmächtig errichteten Anlagen einzuziehen oder, falls dies nicht gelang, sie zu zerstören oder zumindest in den baulichen Zustand vor 1189 zurückzuversetzen. Zudem untersagte Friedrich den Baronen die Errichtung neuer Kastelle. Das war beileibe kein leeres Wortgeklingel. Es gibt seit den 1220er Jahren zahlreiche Belege dafür, dass die Beschlüsse in die Tat umgesetzt wurden, wie etwa im Falle des Grafen Thomas von Celano, den der Kaiser mit militärischen Mitteln zwang, seine strategisch so günstig gelegenen Burgen Celano, Ovindoli und Roccamandolfi herauszugeben.

Herrscherliches Selbstbewusstsein spricht auch aus der Wahl seines neuen bevorzugten Aufenthaltsortes. Traditionelle Residenz der Herren und Könige von Sizilien war über lange Zeit Palermo gewesen. Doch von einem Tag auf den anderen wurde Foggia, ein bis dahin völlig unbekannter Ort in Apulien, zum bevorzugten Aufenthaltsort des Kaisers im Königreich Sizilien, ohne dass die Stadt freilich den Rang einer Hauptstadt mit Sitz von Behörden im modernen Sinne erlangte. Im Jahre 1223 begann Friedrich II. hier, nach Plänen des Architekten Bartolomeo da Foggia eine neue Palastanlage errichten zu lassen. Schon 1225 muss die gewaltige Anlage zu großen Teilen fertig gewesen sein. In den drei Jahrzehnten von 1221 bis zu seinem Tode war der Kaiser nachweislich knapp vierzig Mal in Foggia. Fast jedes Jahr weilte er hier, mitunter sogar mehrmals, manchmal nur kurz, manchmal sogar monatelang. Der einst prächtig ausgestattete Palast existiert leider nicht mehr. Mehrere Zerstörungen haben ihn fast spurlos ausgelöscht. Von der Residenz Friedrichs in Foggia sind heute nur noch ein Portal und eine Inschrift als Bestandteile einer Seitenwand des städtischen Museums erhalten.

Zu den Maßnahmen des Kaisers, mit denen er seine Herrschaft im Königreich Sizilien festigen wollte, gehörte auch der Kampf gegen die Sarazenen in seinem eigenen Königreich. Er begann schon in den 1220er Jahren, zog sich weiter kontinuierlich durch die Regierungszeit und loderte dann noch einmal fast am Ende seiner Herrschaft erneut auf. Muslime lebten seit den arabischen Expansionswellen des 9. Jahrhunderts auf Sizilien. Die normannischen Eroberungen Siziliens im 11. Jahrhundert und der wachsende Einfluss des römisch-katholischen Christentums drängten die islamische Kultur und die Muslime zurück. Ein Teil von ihnen konvertierte, ein anderer Teil verließ Sizilien in Richtung Südspanien, Nordafrika oder Naher Osten. Die auf der Insel verbliebenen Muslime, die zunächst an ihren traditionellen Lebensformen festhielten, zogen in die westlich der Metropole Palermo gelegenen Berge des Val di Mazara und in die Gegend des Val di Noto zwischen Agrigent und Syrakus. Diese Gebiete wurden schon länger vornehmlich von Arabern bewohnt, so dass sich die Muslime nun in Gebieten im Westen und Süden Siziliens konzentrierten. Einige der daueraufständischen Muslime richteten sich in den Bergen immer fester ein. Die Klagen über Raubzüge, die Ausfälle an königlichen Einkünften aus den besetzten Gebieten und der Widerspruch zu den Vorstellungen des Kaisers von geordneten Herrschaftsverhältnissen zwangen Friedrich zum Handeln. Während seines Sizilienaufenthaltes vom Mai bis Dezember 1221 bereitete der Kaiser eine Militäraktion gegen die Sarazenen vor, die 1222 begann.

Äußerst geschickt verband der Kaiser mit der Bekämpfung der Sarazenen noch die Lösung eines anderen Problems, nämlich die Entmachtung von Hochadligen, deren Treue zum Herrscher unsicher schien. So befahl er einigen Grafen – darunter Roger von Aquila, Graf von Fondi, und Thomas, Graf von Caserta –, ihrer Lehenspflicht im Kampf gegen die Sarazenen auf Sizilien nachzukommen. Als diese die Sache nachlässig angingen, ließ Friedrich die Grafen verhaften und ihre Güter einziehen. Um die in den gebirgigen Regionen verschanzten Muslime wieder seiner Herrschaft zu unterwerfen, musste Friedrich eine Art Guerillakrieg führen lassen. Der gerade aus Ägypten heimgekehrte kaiserliche Admiral Heinrich Piscator, Graf von Malta, leitete in einer Art Bewährungseinsatz die Aktion, die sich länger hinzog als erwartet. Ende Mai 1223 kam auch der Kaiser wieder auf die Insel, um im Sommer selbst Belagerungen zu befehligen. Eine Flottenexpedition zur Insel Djerba vor der tunesischen Küste sollte verhindern, dass die Muslime das Eiland als Nachschubbasis nutzen konnten. Bis zum Frühjahr 1225 wurde erbittert um sarazenische Höhenburgen gekämpft, dann endeten die Kämpfe vorläufig mit einem Sieg des Kaisers. Bezahlt haben diesen Krieg zu großen Teilen Friedrichs Untertanen, denn mehrmals ließ der Kaiser eine Sarazenensteuer von ihnen erheben.

Besiegte Aufständische waren auf Gedeih und Verderb dem Sieger ausgeliefert, so auch die geschlagenen Sarazenen. Alle Muslime mussten die Bergregionen verlassen. Einige der überlebenden Sarazenen Siziliens dürften in die muslimischen Herrschaftsbereiche in Spanien oder Nordafrika geflohen sein. Der größte Teil der besiegten Muslime, die nach den langen, heftigen Kämpfen nicht getötet oder bekehrt und assimiliert wurden, sind zur wirksameren Befriedung auf Befehl des Kaisers umgesiedelt, oder besser: deportiert worden. Im Zuge dieser ethnisch-religiösen «Säuberung» wurden ihnen neue Wohnplätze in Apulien auf dem Festland zugewiesen. Die Schätzungen über die Zahl der bis in die 1240er Jahre Deportierten schwanken zwischen fünfzehn- und sechzigtausend. Mit dem Namen Friedrichs II. ist somit das Ende der arabischen Besiedlung Siziliens verbunden.

Als neuer Siedlungsplatz wurde ein weitgehend verlassener Ort in der Capitanata gewählt, der in antiker, byzantinischer und normannischer Zeit immer wieder bebaut gewesen war: Lucera. Lange Zeit galt als sicher, dass man hier auf alten Fundamenten einen gewaltigen Festungskomplex errichtet habe, in dessen Mauern die Muslime als Kriegerreserve angesiedelt wurden. Eine starke Schutzmauer soll die homogene Siedlung nach außen geschützt und das Abwandern der Sarazenen verhindert haben. Neueren archäologischen Grabungen zufolge wird man sich jedoch eher mehrere muslimische Siedlungen vorstellen müssen, in denen die Bevölkerungen stärker gemischt waren. Einige solcher Orte sind bereits identifiziert worden, etwa Girifalco, Stornara und Tertiveri, ein etwa fünfzehn Kilometer südwestlich von Lucera gelegener aufgelassener Bischofssitz, der im Mittelalter Tortiboli hieß. Nicht nur in Lucera selbst, sondern auch in der Region rings um Lucera haben offensichtlich Muslime gesiedelt, die von Ackerbau, Viehzucht und vor allem von hochentwickeltem Handwerk lebten.

Zwar wird man Friedrichs Verhältnis zu den umgesiedelten Muslimen in Apulien nicht als das eines sorgenden Herrschers zu seinen Getreuen bezeichnen können, und er war beileibe kein «Sultan von Lucera», doch war sein Umgang mit ihnen für einen christlichen Herrscher seiner Zeit eher ungewöhnlich. Das Recht, die eigene Religion auszuüben, Selbstverwaltung, eine eigene Rechtsprechung sowie die als Gnadenakt empfundene Chance zum Überleben verwandelten die frühere Feindschaft in Ergebenheit und Treue. Aus der Bevölkerungsgruppe der Sarazenen konnte der Kaiser eine gegenüber päpstlichen Einflüsterungen und Bannsprüchen völlig unempfindliche Truppe rekrutieren. Seine sarazenischen Bogenschützen waren berühmt, und von dem Ansehen, das sich Friedrich bei ihnen erwarb, konnten nach seinem Tod sogar noch sein Sohn Manfred und sein Enkel Konradin profitieren. Das Verhältnis der Deportierten zum Kaiser hatte sich, zumindest in ihrer neuen Heimat, völlig verwandelt.

Die Krone von Jerusalem und der Kreuzzug von 1229

Ebenfalls mit Muslimen, doch nun in Palästina, bekam es der Kaiser zu tun, als er vom Sommer 1228 bis zum Frühjahr 1229 zum Kreuzzug nach Jerusalem aufbrach. Diese Militäraktion darf als einer der ungewöhnlichsten Kreuzzüge überhaupt gelten. Friedrich II. war bereits der fünfte Monarch der staufischen Tradition, der den Wallfahrtsschwur leistete. Für einen Schirmherrn der römischen Kirche und Bekämpfer der Heiden galt es als oberste Pflicht, einen Kreuzzug anzuführen. Mit dem Waffengang in das Heilige Land verstärkten sich zudem Vorstellungen von einem endzeitlichen Kaisertum Friedrichs II. und einer Abstammung aus dem Hause Davids. Seit der Zeit Friedrichs I. Barbarossa verwoben sich Kaiseridee und Kreuzzugsgedanke immer mehr zu der Idealvorstellung von einem christlichen Herrscher, als dessen Urbild Karl der Große galt, der in den Legenden nun auch als der erste Kreuzritter verehrt wurde. Es liegt deshalb nahe, schon die Annahme des Kreuzes im Zusammenhang mit der Krönung in Aachen 1215 sowie die weiteren Kreuzzugsversprechungen, besonders die Erneuerung des Schwurs bei der Kaiserkrönung 1220 in Rom, als weitsichtige politische Schachzüge zu deuten und nicht als spontane Ideen Friedrichs, als die sie mitunter missverstanden wurden. Die Frage, wer an der Spitze der Kreuzzugsbewegung stand, hatte im Ringen zwischen Papsttum und Kaisertum eine hohe symbolische Bedeutung bekommen.

Für Friedrich gab es jedoch noch weitere Motive, im Heiligen Land aktiv zu werden. Die vom Papst angeregte Verbindung mit Isabella von Brienne, der Königin von Jerusalem, war ein vom Pontifex geschickt ausgelegter Köder für eine baldige Kreuzfahrt, weil der Kaiser dadurch selbst zum Landesherrn im Königreich Jerusalem werden würde. Hinzu kamen die Interessen eines Königs von Sizilien im östlichen Mittelmeer. Und nicht zuletzt wirkte das Argument, das alle Pilger bewegte: die seelenstärkende Wirkung der vollständigen Sündenvergebung. Friedrich war der erste Herrscher, der einen Kreuzfahrer, den König von Jerusalem und den kaiserlichen Anführer der Pilger in seiner Person vereinte.

Dringende Maßnahmen zur Herrschaftsstabilisierung und Herrschaftssicherung verhinderten jedoch den sofortigen Aufbruch des Kaisers. Im Glanz der Kaiserkrönung in Rom war als Abfahrtstermin der August des Jahres 1221 vereinbart worden, doch die Neuordnung des sizilischen Reiches dauerte ihre Zeit. Im Spätsommer 1221 wurde vor Damietta ein Kreuzfahrerheer vernichtend geschlagen – zum Glück ohne den Kaiser, der dort in Gefangenschaft geraten wäre. In den folgenden Jahren löste ein Versprechen das nächste ab, ohne dass der Kaiser in den Orient aufbrach. Friedrich verfing sich immer mehr in den Schlingen von Kreuzzugszusagen mit festen Terminen sowie oft ganz unrealistisch knappen Fristverlängerungen. Im Juli 1225 gelobte der Kaiser in den Vereinbarungen von San Germano, nun endlich aufzubrechen, spätestens im August des Jahres 1227. Sollte er die Sache erneut verschieben, träfe ihn der Kirchenbann.

Dieses Zugeständnis zu machen erwies sich jedoch als ein schwerer Fehler. Im Sommer 1227 versammelte sich tatsächlich ein großes Kreuzfahrerheer in Brindisi, dessen Lager tragischerweise bald von einer Seuche heimgesucht wurde. Das prominenteste Opfer der Epidemie war Ludwig IV., Landgraf von Thüringen (1217–1227), der Gemahl der später heiliggesprochenen Elisabeth (gest. 1231). Auch Friedrich erkrankte, bestieg dennoch mit dem zu diesem Zeitpunkt noch lebenden Ludwig eine Galeere und stach in See. Doch Friedrich musste umkehren und ging zwei Tage später in Otranto wieder an Land. Am nächsten Tag starb Ludwig von Thüringen. Friedrich, noch von Fieberschüben geschüttelt, musste den persönlichen Aufbruch zum Kreuzzug erneut verschieben und schickte Admiral Heinrich von Malta mit einem Teil der Flotte voraus. Zwei Mitglieder des Hofes sollten den seit dem Frühjahr amtierenden Papst Gregor IX. Conti (1227–1241) über die unvorhersehbaren Widrigkeiten informieren. Doch ausgerechnet diesen tatsächlich triftigen Grund ließ der neue Pontifex als Entschuldigung nicht mehr gelten. Schon während seiner Zeit als Kardinalbischof von Ostia hatte Hugolinus mit Misstrauen die kaiserliche Hinhaltetaktik in der Kreuzzugsfrage betrachtet. Wegen des erneut verabsäumten Kreuzzugsaufbruchs traf Friedrich nun der Bannstrahl der Exkommunikation.

Doch Friedrich kümmerte sich nicht darum. Am 28. Juni 1228 ließ der Kaiser im Hafen von Brindisi die Leinen seiner Kreuzzugsflotte loswerfen, begab sich selbst auf eine Galeere und fuhr nach Osten. Nach einem längeren Zwischenaufenthalt auf Zypern landete man am 7. September in Akkon. Volle vierzehn Jahre nach seinem Kreuzzugsgelübde betrat Kaiser Friedrich II. endlich orientalischen Boden, um seinen Schwur zu erfüllen. Doch so richtige Jubelstimmung über die Ankunft des Kaisers wollte nicht aufkommen. Zu sehr spaltete Friedrichs Konflikt mit dem Papst auch im Heiligen Land die Parteien. Von seinem Heerlager südlich von Akkon aus begann der Kaiser die Verhandlungen mit einem Neffen Saladins, dem über Ägypten herrschenden Sultan al-Malik al-Kamil (1218–1238). Seit Jahren stritt sich dieser mit Verwandten um das Erbe seines Onkels im Nahen Osten. Ein Gebiet, in dem sich die Interessen besonders weit überschnitten, war Palästina. Mit der Entsendung von zwei einflussreichen Boten zum Heerlager des Sultans in Nablus begannen Verhandlungen zwischen Friedrich und al-Kamil, die trotz der kostbaren Präsente, die man sich gegenseitig machte, lange nicht vorankamen. Bis in den November 1228 hinein blieb Friedrichs Heer vor Akkon, dann zog der Kaiser auf dem Landweg die Mittelmeerküste entlang nach Süden bis Joppe, auch Jaffa genannt, dem heutigen Yafo, um hier zu überwintern. Eine wohl zu der Zeit in den Befestigungen der Stadt angebrachte Inschrift auf Latein und Arabisch – die einzige bislang bekannte Kreuzfahrerinschrift auf Arabisch überhaupt – kündet von der Anwesenheit des Kaisers dort.

Doch es gab noch andere Schwierigkeiten als die zeitweise auf der Stelle tretenden Verhandlungen mit dem Sultan. Die Templer und Johanniter, orienterfahrene und schlagkräftige Truppen, wollten nicht unter dem Befehl eines gebannten Herrschers dienen. Der dem Papst ergebene Gerold von Lausanne, Patriarch von Jerusalem (1225–1239), war ebenfalls gegen ihn. Auch mehrten sich die Stimmen, die meinten, Friedrichs Heer sei zu klein und für eine bewaffnete Wallfahrt eigentlich gar nicht tauglich. Weil der Kaiser damit das Ansehen des Römischen Reiches bei den barbarischen Völkern herabwürdigte, hätte Papst Gregor, als er davon erfuhr, ihm die Ketten der Exkommunikation auferlegt – so tuschelte man in bestimmten Kreisen. Das war allerdings üble Nachrede. Wir wissen heute, dass Friedrichs Heer und vor allem seine Flotte groß genug waren, um sich auf militärische Auseinandersetzungen einlassen zu können.

Nach mehrmaligem Austausch von Gesandten und langwierigen Verhandlungen, die mitunter den Charakter einer Geduldsund Nervenprobe annahmen, beschworen endlich am 11. Februar 1229 der inzwischen nach Joppe vorgerückte Kaiser und der Sultan einen außergewöhnlichen Waffenstillstandsvertrag. Weder das Exemplar Friedrichs noch das des Sultans ist erhalten geblieben, so dass wir lediglich durch Briefe vom Inhalt einiger Vereinbarungen wissen. Danach trat Sultan al-Malik al-Kamil kampflos die Orte Jerusalem, Nazareth und Bethlehem an Friedrich ab. Außerdem übertrug er ihm die Wege von Joppe zur Heiligen Stadt und weiter nach Bethlehem sowie den Weg von Akkon nach Nazareth samt den links und rechts der Straßen liegenden Dörfern. Auch die Baronie Toron wechselte den Besitzer. Zudem fielen einige Städte und Burgen vertraglich an Friedrich, die die Christen ohnehin schon vorher eingenommen und ausgebaut hatten, darunter Sidon, Caesarea maritima und die Burg Montfort, ein wichtiger Stützpunkt des Deutschen Ordens. Sämtliche Gefangene wollte man austauschen, und eine zehnjährige Waffenruhe sollte der Einigung Dauer verleihen. Allerdings enthielt der Vertrag einige bittere Pillen, die mancher Kreuzfahrer nicht einfach schlucken wollte. So wurde das Königreich Jerusalem nicht als Flächenstaat wiederhergestellt, so dass die Erträge von weiten, fruchtbaren Landstrichen ausblieben. Der größte Skandal des Vertrages aber war, dass selbst die Herrschaft über Jerusalem beschränkt wurde, denn die Gründungsstätte des Templerordens, die Al-Aqsa-Moschee, blieb in arabischer Hand.

Doch Friedrich musste handeln. Gerüchte vom Einfall der päpstlichen Truppen in das Königreich Sizilien verdichteten sich zur Gewissheit. Seit Mitte Januar rückte ein päpstliches Heer nach Süden vor. Friedrich brauchte jetzt schnelle Erfolge im Heiligen Land und brach Anfang März zur Hauptstadt seines Königreiches Jerusalem auf. Kurz darauf bekam er vom Kadi von Nablus, Shams ad-Din, dem Beauftragten des Sultans al-Kamil von Ägypten, die Verfügungsgewalt über die Heilige Stadt übertragen. Schon am nächsten Tag begab sich der Kaiser mit einer Prozession zu dem ersehnten Ziel aller Wallfahrer. Am Sonntag *Oculi mei* des Jahres 1229 – das war der 18. März – erstrahlte die Grabeskirche vom Glanz des bekrönten Kaisers in vollem Ornat. Hermann von Salza, der Hochmeister des Deutschen Ordens und Augenzeuge der Szene in Jerusalem, beschrieb in einem Brief an einen Freund in der römischen Kurie die Vorgänge: «Eure Weisheit möge wissen, dass der Herr Kaiser am Samstag dem 17. März mit dem ganzen christlichen Heer nach Jerusalem kam und am folgenden Tag des Herrn dort zur Ehre des ewigen Königs die Krone trug.» Doch habe er die Krone «ohne Weihe vom Altar empfangen» und sie «wie es Gewohnheit ist, zum Thron» getragen.

Die Kronenszene Friedrichs in der Grabeskirche, die schon oft beschrieben und immer wieder anders gedeutet worden ist, hat man früher als eine Selbstkrönung zum König von Jerusalem missverstanden. Heute weiß man, dass es sich dabei um ein sogenanntes «Unter-der-Krone-gehen» gehandelt haben muss, ein Ritual, das oft zur Herrschaftsbefestigung und zu hervorgehobener herrscherlicher Repräsentation gedient hat. Denn auch Friedrich, der schon seit 1225 gekrönter König von Jerusalem war, schien es besonders wichtig gewesen zu sein, mit majestätischer Geste und unter der Entfaltung kaiserlicher Pracht die Herrschaft des abendländischen Caesars über das Grab des Erlösers in aller Öffentlichkeit zu demonstrieren. Mit der Erfüllung seines Kreuzzuggelübdes hatte sich Friedrich nun auch als oberster Beschützer der Kirche bewährt.

Als Friedrich in der Grabeskirche in seiner ganzen Majestät thronte, verlas Hochmeister Hermann von Salza vor den Großen des Königreichs und der versammelten Menschenmenge noch eine Art Denkschrift in lateinischer Sprache, die den bisherigen wechselhaften Verlauf der Kreuzfahrt aus kaiserlicher Sicht darstellte und die anschließend auf Deutsch und Französisch erläutert wurde. Diese am Krönungstag selbst aufgesetzte kaiserliche Enzyklika *Letentur in domino* trägt in der Datierung die hochgestimmte und triumphierende Zeile: «Gegeben in der Heiligen Stadt Jerusalem». Der Text, der etwas später von Akkon aus in mehreren Exemplaren nach Europa verschickt wurde, stellt in der Selbstaussage so etwas wie eine offizielle Verlautbarung dar und zeigt, wie Friedrich selbst in dieser Szene gesehen werden wollte. Diese Schrift stellte im Übrigen erst jene Öffentlichkeit her, ohne die Rituale nicht wirksam werden können. Der am Kreuzzug Friedrichs beteiligte Minnesänger Freidank rief in die Welt: *Got und der kaiser hânt erlôst / ein grap, deist aller kristen trôst.*

Der Triumph währte jedoch nicht lange. Schon in Akkon mehrten sich die Schwierigkeiten für den Kaiser. Die Templer und der Patriarch von Jerusalem opponierten gegen Friedrichs Einforderung königlicher Rechte. Es wurde sogar gekämpft. Später kursierte die Geschichte, die Templer hätten den Kaiser mit Hilfe des Sultans in einen Hinterhalt locken wollen. Noch bedrohlicher waren die Nachrichten aus der Heimat, die Admiral Heinrich Piscator in den letzten Apriltagen 1229 brachte: Päpstliche Truppen rückten im sizilischen Regnum vor. Als einer der Anführer der sogenannten Schlüsselsoldaten agiere Friedrichs Schwiegervater Johann von Brienne. In Deutschland sei Ludwig I. von Bayern, der Vormund seines Sohnes König Heinrich VII., zum Papst übergelaufen. Ein päpstlicher Legat halte sogar schon nach Kandidaten für ein Gegenkönigtum Ausschau. Am 1. Mai 1229 begab sich der Kaiser wieder auf See, und schon am 10. Juni landete er in Brindisi. Relativ schnell gelang es dem Imperator, die eingefallenen Truppen aus seinem sizilischen Königreich zu vertreiben. Im Sommer 1230 kam es dann zum Übereinkommen von

Ceprano und San Germano, das den Kaiser endlich vom Bann löste.

Das Heilige Land blieb jedoch weiter ein wichtiger Faktor in Friedrichs Politik. Hier entspann sich wenig später ein Zwist zwischen dem Kaiser und seinen Beauftragten einerseits und den einheimischen Baronen andererseits, die in Syrien und auf Zypern begütert waren, wie etwa Johann von Ibelin (1177–1236), Herr von Beirut. Dieser Verfassungskonflikt, der sich zu einem regelrechten Bürgerkrieg zwischen den Anhängern des Kaisers und denen Ibelins ausweitete, wurde von Philipp von Novara, dem Chronisten der Ereignisse, in Anlehnung an die Kriege in Oberitalien als Lombardenkrieg bezeichnet. Der Kaiser verlor den Krieg, doch konnten sich auch die Sieger nicht lange ihres Erfolges erfreuen, denn muslimische Truppen eroberten bald darauf die Stützpunkte der Kreuzfahrerstaaten. Im Jahr 1244 ging Jerusalem verloren, nun sogar für immer. Die Frage des Heiligen Landes spielte in den Auseinandersetzungen mit den Päpsten weiter eine Rolle, etwa als der Kaiser im Jahre 1239 zum zweiten Mal gebannt wurde. Noch kurz vor seinem Tode ließ er testamentarisch verfügen, dass für die Rückeroberung des Heiligen Landes einhunderttausend Unzen Gold verwendet werden sollten.

Friedrichs Frauen und Kinder

Kaiser Friedrich II. liebte die Frauen. Von allein dreizehn Damen, zu denen er im Laufe seines Lebens in Leidenschaft entbrannt war, haben wir schon deshalb Kunde, weil er mit ihnen insgesamt zwanzig Kinder gezeugt hat. Nimmt man eine nicht allzu geringe Dunkelziffer an amourösen Verwicklungen ohne Konsequenzen mit hinzu, dann muss man sich schon eine beachtliche Anzahl von Geliebten vorstellen, die die kaiserliche Bettstatt mit Friedrich geteilt haben. Die mehr oder minder kurzlebigen Verhältnisse, egal ob ehelich oder außerehelich, lassen ein regelrechtes Handlungsmuster erkennen, das über Jahrzehnte ständig wiederkehrt. Doch ist dabei zu bedenken, dass einige Nachrichten über Liebesabenteuer des Kaisers auch üble

Nachrede sein können, denn ein *rex iniustus*, ein «ungerechter König», der unwürdige und zur Herrschaft nicht geeignete Tyrann, galt immer auch als ein Wüstling. Exkommunizierte Herrscher sind eben in jeder Beziehung zügellos. Andererseits ist fürstlicher Wettstreit oft auch auf amourösem Felde ausgetragen worden, weil die Kraft eines Königreiches ebenso aus den Lenden seines Monarchen zu sprießen scheint wie aus seinem Heer – was man etwa bei Ludwig XIV. oder August dem Starken besonders deutlich sehen kann. Jedoch ist für das Hängenbleiben von Gerüchten immer auch ein Haken nötig, sonst überdauern diskreditierende Geschichten nicht in der Erinnerung.

An Friedrichs Verhältnis zu seinen Ehefrauen springt ins Auge, dass sie zwar immer aus politischen Gründen ausgewählt, mit Ausnahme seiner ersten Frau aber immer weniger als Partnerinnen in die Politik einbezogen wurden. Zwei seiner Gattinnen ließ Friedrich überhaupt nicht mehr an Staatsaktionen teilnehmen. Dies ist bemerkenswert, weil in den Jahrhunderten zuvor manche Herrscherfrauen wichtige politische Rollen gespielt haben und sogar als *Consors regni,* als Teilhaberin der Königsherrschaft, auftraten.

Um die Wende von 1204 auf 1205 wurde der zehnjährige Friedrich, wie wir schon gehört haben, mit Konstanze von Aragón (zwischen 1179 und 1184–1222) verlobt, die mindestens zehn Jahre älter gewesen sein dürfte. Konstanze war die Witwe des 1204 verstorbenen Königs von Ungarn. Sie hatte bereits einen Sohn geboren, ihn früh verloren und Ungarn nach diesem Schicksalsschlag verlassen, um nach Spanien zurückzukehren. Die Eheschließung mit Friedrich erfolgte im Oktober 1208 zunächst als Ferntrauung in Abwesenheit des Bräutigams in Saragossa, dann noch einmal im August 1209 in Palermo, nun mit beiden anwesenden Partnern. Konstanze schenkte ihrem Gemahl als erstes und einziges Kind 1211 einen Sohn, den erstgeborenen Heinrich. Sein tragisches Schicksal wird später noch zur Sprache kommen. Als Friedrich im Jahr 1212 nach Norden zog, blieb Konstanze in Palermo und führte als Regentin die sizilischen Staatsgeschäfte in Vertretung für ihren Gatten weiter. Ganze vier Jahre sollte die Trennung dauern. Konstanze folgte ihrem Gemahl mit ihrem kleinen Sohn Heinrich 1216 nach Deutschland. Sie blieb nun bei ihm, und an Friedrichs Seite wurde sie im November 1220 in Rom zur Kaiserin gekrönt. Konstanze starb nach fast dreizehn Jahren Ehe am 23. Juni 1222 in Catania und wurde in einem antiken Marmorsarkophag in Palermo beigesetzt.

Neben seiner Ehe unterhielt Friedrich ab 1213 ein Verhältnis mit einer etwa gleichaltrigen Adelheid. Sie war um 1194 oder 1195 als Tochter des Herzogs von Marano, später Spoleto, Konrad von Urslingen, geboren worden. Aus der Beziehung zu Adelheid gingen zwei Kinder hervor. Um 1215 oder 1216 gebar sie Friedrich einen Sohn, der den Namen Heinz erhielt, die Koseform von Heinrich. Auf Italienisch hieß er Enzio oder Enzo. Auch ihn sollte ein tragisches Schicksal ereilen. Ende 1238 wurde Enzio von seinem Vater zum König von Sardinien erhoben. Während des in der Lombardei gegen die oberitalienischen Städte geführten Krieges geriet er 1249 in Gefangenschaft. In der nun folgenden dreiundzwanzigjährigen Haft ist er buchstäblich verschmachtet, denn er kam nie wieder frei und starb 1272 im Kerker. In der Basilika San Domenico in Bologna wurde er beigesetzt.

Nachdem Konstanze von Aragón, die gekrönte Kaiserin, im Jahr 1222 gestorben war, konnte Friedrich erneut heiraten. Seine zweite offizielle Ehe wurde 1223 durch Legaten von Papst Honorius III. Savelli (1216–1227) vermittelt, der mit der Wahl der zukünftigen Kaiserbraut den Beginn des Kreuzzuges zu beschleunigen hoffte. Die ins Auge gefasste Partie schien mit der damals elfjährigen Isabella von Brienne (1212–1228), die in den Quellen auch als Jolanthe oder Yolanda bezeichnet wird, gut gewählt zu sein. Sie war die in Akkon geborene Tochter von Johann von Brienne (gest. 1237) und Maria von Montferrat (1191–1212), von der sich die Königsrechte auf Jerusalem herleiteten. Da Johann wegen der Erbfolgebestimmungen keinen direkten Anspruch auf den Thron reklamieren konnte, wurde Isabella nach dem Tod ihrer Mutter 1212 als Thronfolgerin betrachtet. Im Hochsommer 1225 schickte Friedrich seinen Admiral Heinrich Piscator mit einem größeren Galeerenverband nach

2 Ein Ring für die zukünftige Gemahlin: Darstellung der Vermählung Kaiser Friedrichs II. mit Isabella Plantagenêt, Tochter des englischen Königs Johann I. Ohneland, im Jahr 1235 in der *Historia Anglorum* des Benediktiners Matthaeus Paris.

Akkon, um die Braut mit dem wertvollen symbolischen Titel nach Italien zu holen. Wie schon beim ersten Mal wurde die Ehe in Abwesenheit des Bräutigams geschlossen. Dass der Kaiser nicht selbst in Akkon erschien, sorgte an der Kurie und im Orient für erhebliche Irritation, denn nun würde sein mehrfach gelobter Kreuzzug erneut verschoben werden. Die Trauung wurde später in Anwesenheit beider Brautleute am 9. November 1225 im Dom Santa Maria del Casale zu Brindisi wiederholt.

Nach der Eheschließung und einer kurzen gemeinsamen Zeit in Foggia wies Friedrich seiner jungen Frau als Aufenthaltsorte erst Terracina bei Neapel und dann Monreale oberhalb von Palermo zu. Seinem Schwiegervater gegenüber zeigte der Kaiser großen Machthunger. Er beanspruchte sofort nach der Hochzeit die Würde eines Königs von Jerusalem für sich und führte augenblicklich ganz offiziell diesen Titel, was zum irreparablen Bruch mit Johann von Brienne führte. Isabella gebar zwei Kinder. Schon 1226 kam ein Mädchen zur Welt, das aber bald nach der Geburt verstarb. Als sich Isabella im August 1227 im Kreuzfahrerlager unweit von Brindisi bei Friedrich aufhielt, während eine verheerende Seuche unter den Kreuzfahrern wütete, wurde offenbar der gemeinsame Sohn, der spätere Konrad IV., gezeugt. Die Folgen der Geburt im April 1228, vermutlich das Kindbettfieber, beendeten acht Tage später Isabellas kurzes Leben und die nur zweieinhalb Jahre währende Ehe. Bestattet wurde die Königin von Jerusalem im Dom von Andria.

Seine dritte Ehe schloss Kaiser Friedrich mit Isabella Plantagenêt von England (1214 oder 1217–1241), gelegentlich auch Elisabeth genannt. Sie war die Tochter des bereits verstorbenen englischen Königs Johann mit dem Beinamen «Ohneland» und besaß mächtige Brüder: König Heinrich III. von England (1207–1272) und Richard (1209–1272), Earl von Cornwall, Graf von Poitou, der 1257 sogar römisch-deutscher König werden sollte. Isabella von England war einundzwanzig Jahre alt, als sie 1235 den nun schon zweimal verwitweten vierzigjährigen Friedrich heiratete. Sie galt als eine außergewöhnliche Schönheit und brachte gewaltige Schätze mit in die Ehe. Unter den Kostbarkeiten befand sich sogar eine mit vier Königsbildern geschmückte Krone. Die in einer Art Umlage aufgebrachte Mitgift der Braut, zu der alle Lehen und Kirchen Englands beisteuern mussten, betrug dreißigtausend Mark Silber. Die Reise der Braut zu ihrem Gemahl führte zunächst vom ostenglischen Hafen Sandwich aus auf dem Seeweg nach Antwerpen. Von dort reiste sie über Köln nach Worms, wo im Juli 1235 vier Tage lang ein gewaltiges Hochzeitsfest gefeiert wurde. Stolz berichtet der Benediktiner Matthaeus Paris (um 1200–1259), dass an der Hochzeit allein vier Könige, elf Herzöge und dreißig Grafen und Markgrafen teilgenommen hätten.

Isabella Plantagenêt verbrachte später lange Zeit in Noventa, ein paar Kilometer östlich von Padua, wo ihr Gemahl sie von Zeit zu Zeit besuchte. Hier und andernorts musste sie in strenger Zurückgezogenheit leben, die ihr Friedrich durch luxuriöse Lebensumstände zu versüßen trachtete. Isabella gebar Ende 1236 ein Mädchen, dem man den Namen Margarete gab. Ein Jahr später erreichte den Kaiser nach der siegreichen Schlacht bei Cortenuova Ende 1237 die freudige Nachricht, dass Isabella dem Kaiser einen Sohn geboren hatte. Der langersehnte Knabe hieß anfangs Carlotto oder auch Zarlotto und später Heinrich. Er war bereits der dritte Sohn des Kaisers mit diesem Namen.

Im Jahr 1247, als Heinrich zehn Jahre alt war, setzte der Kaiser ihn als Statthalter im Königreich Sizilien ein. Nach dem Tod des Vaters stand Heinrich an der Seite seiner Halbbrüder Manfred und Konrad IV. Er starb wenige Monate vor Konrad 1253 oder 1254. Isabella starb nach sechsjähriger Ehe am 1. Dezember 1241 in Foggia bei der Geburt ihres nunmehr vierten Kindes, wahrscheinlich einer Tochter, im Wochenbett, vielleicht auch an einer Fehlgeburt. Wie schon Isabella von Brienne wurde sie im Dom von Andria bestattet.

Bei weiteren Heiratsplänen Mitte der 1240er Jahre kaprizierte sich der Kaiser zunächst auf Gertrud von Babenberg (1226–1288), auch Gertrud von Österreich genannt. Sie war die Nichte Herzog Friedrichs II. des Streitbaren von Österreich (1230–1246), des letzten Herrschers aus dem Haus der Babenberger in Österreich. Danach kam Jutta von Sachsen (gest. 1266), eine Tochter Albrechts I., Herzog von Sachsen (um 1175–1260) und Agnes' von Österreich (1206–1238) sowie Enkelin Bernhards von Askanien als Heiratskandidatin ins Spiel, doch beide Eheprojekte scheiterten.

In Friedrichs Leben spielte noch eine weitere Frau eine große Rolle, die er schließlich – allerdings erst in der Stunde ihres Todes – geheiratet hat: die um das Jahr 1210 geborene Bianca die Jüngere, Markgräfin von Lancia. Über diese Frau, seine Geliebte, Lebensgefährtin und am Ende auch Gattin, bewahrte Kaiser Friedrich weitgehend Stillschweigen, doch ranken sich bis heute abenteuerliche Legenden um diese Beziehung. Wie schon Zeitgenossen bemerkten, blieb diese Verbindung lange Zeit verborgen. Von 1227 an bis zu ihrem Tod war Bianca die Favoritin des Kaisers. Lange wurde angenommen, dass sie 1233 oder 1234 starb, in jüngster Zeit vermuten Historiker allerdings, dass Bianca bis 1245 oder noch länger, vielleicht sogar bis 1248, lebte. Nachweisbar ist nämlich, dass es zwischen Friedrich und Bianca am Ende ihres Lebens zu einer Eheschließung auf dem Totenbett kam, die dazu diente, die gemeinsamen Kinder nachträglich zu legitimieren. Und da der freiende Kaiser 1245 von der Babenbergerin Gertrud einen Korb bekommen hatte, könnte Friedrich zu der nachträglichen Legitimation der

Beziehung mit Bianca Zuflucht genommen haben, um so die Anzahl seiner legitimen Erben und möglichen Nachfolger zu vermehren.

Das Verhältnis zwischen Friedrich und Bianca bestand schon lange vor der Ehe Friedrichs mit Isabella Plantagenêt. Bereits 1230 hatte Bianca eine Tochter mit dem Namen Konstanze zur Welt gebracht, die später Gattin des byzantinischen Kaisers von Nicäa, Johannes III. Dukas Batatzes (um 1192–1254), werden sollte und siebenundsiebzigjährig in Valencia starb. Im Jahr 1232 gebar Bianca ihrem Friedrich in Venosa einen Sohn, der nach ihren Verwandten den Namen Manfred bekam. Er wurde später sogar König von Sizilien und fiel 1266 in der Schlacht bei Benevent. Zuletzt wurde Violante (um 1233 – nach 1264) geboren, die spätere Gräfin von Caserta. Dass alle Kinder Biancas durch die nachträgliche Legitimation den ehelichen Kindern gleichgestellt wurden, kann man auch an ihrer Stellung auf dem Heiratsmarkt erkennen. Gerade im Mittelalter war das Konnubium der Adelswelten oft ein besserer Gradmesser für den gesellschaftlichen Rang als ein Titel. Biancas Tochter Konstanze wurde eine byzantinische Kaiserbraut. König Manfreds erste Gemahlin Beatrix war mit dem französischen Königshaus der Kapetinger verwandt, und seine zweite Frau stammte wie sein Schwager aus Konstantinopel.

3. Auf der Höhe der Macht

Kaiserliche Gesetze

Friedrich II. brachte eine Reihe von Gesetzen und Gesetzessammlungen in die Welt und stand damit ganz in der Tradition eines kaiserlichen Gesetzgebers, wie wir es etwa vom oströmischen Kaiser Iustinian I. (527–565) kennen. Von den Gesetzen, die noch am Tag der Kaiserkrönung erlassen wurden, und den Assisen von Capua war schon die Rede. Die bedeutendste Rechtssammlung des Kaisers bestand aber in den Konstitutionen von Melfi aus dem Jahr 1231, die oft lateinisch als *Constitutiones Regni Siciliae* bezeichnet werden, seit dem 19. Jahrhundert auch als *Liber Augustalis*, was man mit «Buch des Kaisers» übersetzen könnte. Von Beginn an gliederte man das Gesetzeswerk mit seinen zweihundertundneunzehn Einzelgesetzen in drei Bücher. Durchgängiges Motiv des Gesetzeswerks ist die Ausrichtung von Recht und Verwaltung auf den König und seine Beamten sowie die Sicherung der königlichen Einnahmen. Zentraler Bestandteil sind Bestimmungen über den Ablauf der Zivil- und Strafprozesse, über Ladung, Prozessfristen, Beweismittel und Berufungsverfahren. Als oberste Berufungsinstanz bestimmte man das Hofgericht. Wichtige Einzelregelungen beinhalteten zudem das Verbot der gewaltsamen Selbsthilfe und die Einschränkung des Gerichtswesens der Stände. Der königlichen Justiz sprach das Gesetzeswerk das alleinige Recht zur Strafverfolgung zu, auch in Fällen, die das kirchliche Recht tangierten, beispielsweise bei Ehebruch, Gotteslästerung oder Glücksspiel.

Die Konstitutionen von Melfi stellten die erste große herrscherliche Rechtskodifikation seit den spätantiken Rechtssammlungen wie dem *Corpus Iuris Civilis* aus dem 6. Jahrhundert dar, waren also das erste staatliche Gesetzbuch Europas seit der Spätantike. Und sie blieben im Grunde bis in Napoleons Tage am Anfang des 19. Jahrhunderts auf Sizilien und in Unteritalien geltendes Recht. Geschaffen wurde die Sammlung in der Umgebung des Kaisers, indem man auf seinen Befehl Aussagen von Rechtskundigen des Königreichs Sizilien und juristisch gebildeten Hofleuten, darunter federführend der Großhofjustitiar Heinrich von Morra und der später so einflussreiche Petrus de Vinea, zusammen mit den bisher im Königreich Sizilien geltenden Gesetzen zu einem neuen Gesetzbuch zusammenstellte.

Der Alltag der Regierung Kaiser Friedrichs bestand jedoch nicht im Verkünden großer Gesetzeskorpora, sondern war herrscherliches Tun im Kleinteiligen. Diese «Regierungsnormalität» changierte zwischen einem normativen Rechtsetzen und einem affirmativen Privilegieren. Dafür nutzte man wie schon seit Jahrhunderten auf Pergament geschriebene Urkunden. Aus der

Regierungszeit des Kaisers sind heute etwa zweitausendsiebenhundert Stücke bekannt, die derzeit in mehr als achthundertfünfzig Archiven in ganz Europa teilweise noch im Original, teilweise in Abschriften aufbewahrt werden. Die Anzahl der Dokumente aus der Kanzlei Friedrichs II. war einst aber viel größer gewesen. Viele der schmucklosen Mandate, also Befehle an die Untertanen und Dienstleute, sind nach der Ausführung des Herrscherwunsches wahrscheinlich als nutzlos betrachtet und deshalb vernichtet worden. In den südalpinen Reichsgebieten wurden auf jeden Fall deutlich mehr Urkunden erstellt, weil hier die Schriftlichkeit schon viel weiter ausdifferenziert war als nördlich der Alpen.

Zu den bedeutendsten Urkunden des Kaisers gehören ohne Zweifel die *Confoederatio cum principibus ecclesiasticis,* das «Bündnis mit den Fürsten der Kirche», und das *Statutum in favorem principum,* das «Statut zur Begünstigung der Fürsten». Diese Bezeichnungen stammen nicht aus der Abfassungszeit, sondern sind erst von der Geschichtswissenschaft des 19. Jahrhunderts geprägt worden. Die zuerst genannte Urkunde wurde am 26. April 1220 in Frankfurt am Main im Zusammenhang mit den Vorbereitungen auf Friedrichs Romzug ausgegeben. Sie gehört zu jenen Gegengaben, die der Herrscher im Zuge der langen Verhandlungen über die Wahl seines erstgeborenen Sohnes Heinrich zum römisch-deutschen König den Fürsten zugestehen musste. Die zweite Urkunde erließ der Kaiser 1232 in Cividale als kaiserliche Bestätigung eines von seinem Sohn, König Heinrich VII., im Mai 1231 gewährten Privilegs. Beide Urkunden sanktionieren die Inbesitznahme einer Fülle von Rechten, die im Laufe der vorangegangenen Jahrzehnte, besonders in der Zeit des Doppelkönigtums Philipps von Schwaben und Ottos IV., in die Hände der Fürsten gelangt waren, teils einfach durch Usurpation, teils durch urkundliche Bestätigung. Dazu gehörten auch Bestimmungen, die den Einfluss des Königs auf die Territorien der jeweiligen Fürsten deutlich einschränkten, wie etwa der Verzicht auf die Neuanlage von königlichen Münz- und Zollstätten oder gar von Burgen und Städten in den fürstlichen Gebieten.

Eine weitere wichtige Urkunde des Kaisers, deren Wirkung im Grunde bis heute reicht, wurde 1235 auf einem Hoftag in Mainz ausgegeben. Seit alter Zeit galt bei Privatkonflikten das Fehderecht, eine Art Faustrecht, als Rechtsgewohnheit. Nach Fehdeansage ermöglichte es das straffreie Niederhauen und Schädigen des Befehdeten. Wer sich als Ritter, Fürst oder auch als Stadt in seinen Rechten verletzt sah, griff zur Fehde, weil dies praktisch die einzige Möglichkeit darstellte, Rechtsverletzungen zu ahnden. Dabei verwüsteten die Gegner nach Kräften den Besitz der anderen Partei mit Feuer und Schwert, was immer wieder zur Verheerung ganzer Landschaften führte. Der Friede hingegen war innerhalb der mittelalterlichen Adelsgesellschaft nicht der Normalzustand, sondern musste geboten und beschworen, das heißt im Ton der Zeit «errichtet» werden.

Die Kaiser versuchten schon seit dem frühen 12. Jahrhundert, durch das Beschwören von Landfrieden dem Fehderecht wenigstens befristet Einhalt zu gebieten und so ihrer kaiserlichen Verantwortung für Frieden und Recht nachzukommen. Doch nur kurzzeitig war hier Linderung zu spüren. Die Versuche, mit Hilfe der Landfrieden das ungezügelte Fehderecht zu beschränken, setzten sich im gesamten Spätmittelalter fort. Dieser Prozess endete im Grunde erst mit der Verkündung eines ewigen Landfriedens am Ende des 15. Jahrhunderts und der Durchsetzung des Gewaltmonopols im absolutistischen Staat. Ein Schlüsseldokument im Prozess der allmählichen Durchsetzung des Landfriedens war der Reichlandfrieden, der im August 1235 auf dem Mainzer Hoftag beschworen wurde. Der Mainzer Landfriede – wie schon die *Confoederatio* und das *Statutum* keine Selbstbezeichnung, sondern eine Wortschöpfung der Wissenschaft – sollte das Fehderecht bestimmten Verfahrensregeln unterwerfen. Die bis dahin geübte Bußjustiz sollte einer Strafjustiz weichen, und man wollte erstmals Personen schützen, die nach damaliger Anschauung nicht waffenfähig waren, etwa Frauen, Bauern oder Juden. Sakrale Orte standen unter besonderem Schutz, und Verletzungen dieser Sonderbereiche sollten zu Sanktionen führen.

Vor Beginn einer Fehde, so sah das Dokument vor, musste derjenige, dem vermeintlich Unrecht geschehen war, zunächst ein königliches Gericht anrufen und ein rechtskräftiges Urteil anstreben. Erst wenn dies nicht zum Erfolg führte, sollte eine Fehde ihren Lauf nehmen dürfen. Die Fehde musste förmlich erklärt werden und durfte erst drei Tage danach begonnen werden. Nach sizilianischem Vorbild wurde für das Gerichtsverfahren ein Hofrichter eingesetzt, der in Stellvertretung des Herrschers dem Hofgericht vorstand, Klagen entgegennehmen und Entscheidungen fällen sollte. Der Mainzer Landfrieden umfasst insgesamt neunundzwanzig Artikel und enthält neben den strafrechtlichen Bestimmungen eine Reihe weiterer Vorschriften über Gerichts-, Münz-, Zoll- und Verkehrswesen, über das Geleit- und Befestigungsrecht, den Umgang mit Geächteten, die Kirchenvogtei und das Hofrichteramt. Bedeutsam ist der Mainzer Reichslandfriede zudem, weil er späteren Landfrieden als Vorbild diente. Mit ihm wurden die Weichen gestellt für eine regelmäßige Gerichtstätigkeit eines königlichen Hofgerichts, die jahrhundertelang Bestand haben sollte.

Vergleicht man die Gesetzgebungs- und Privilegienpraxis für den Norden und Süden seines Reiches miteinander, dann zeigt sich, wie stark die sizilianische Position des Kaisers und seine Fokussierung auf den Süden gewesen sein muss. Immer wieder wurden bestimmte Herrscherrechte im nordalpinen Reichsteil seinen ehrgeizigen Zielen in Italien geopfert. Während Friedrich nach der Rückkehr in sein Südreich Sizilien seit 1220 die dort usurpierten Königsrechte energisch wieder an die Krone ziehen wollte und dies auch erfolgreich tat, hatte im Norden das gute Einvernehmen mit den Fürsten für ihn strategische Priorität. Er unternahm hier keinen konsequenten Versuch, wie im Süden in der Frage der Rückkehr ehemaliger königlicher Rechte zum Herrscher das letzte Wort zu behalten. Aus einer nordalpinen Perspektive könnte man geradezu von einem Dahinwelken der Königsgewalt sprechen.

Darüber hinaus wird klar, dass im Norden die geistlichen und später auch die weltlichen Reichsfürsten dem König fortan als Gruppe gegenübertraten. Zuvor gab es nur Privilegierungen von einzelnen Herrschaftsträgern. In Friedrichs Urkunden sind jedoch alle *principes et magnates* angesprochen, womit sich eine ständische Gesellschaft zu formieren beginnt.

Viele der kaiserlichen Urkunden bilden wichtige Wegmarken einer allgemeinen Verfassungsentwicklung. Der Wille zur Gestaltung der politischen Verhältnisse durch kaiserliche Rechtsakte erscheint nicht nur in den Gesetzesbefehlen und Sammlungen, wie sie die Konstitutionen von Melfi darstellen, sondern auch in Einungen, Landfrieden und anderen Vertragsschlüssen, überwiegend aber in der seit langem gewohnten Form von Privilegien. Alle diese Rechtsetzungen gehörten zu jenen Instrumenten, die auf lange Sicht gesehen als Produkte eines Machtanspruchs werdender Staatsgewalt gewirkt haben.

Der Augustalis und die Hochschule in Neapel

In der Herrschaftszeit Kaiser Friedrichs II. sind eine besondere Art von Goldmünzen geprägt worden, die zu den berühmtesten und wohl auch schönsten Münzen des Mittelalters gehören: die Augustalen. Sie geben ganz direkt Auskunft über Friedrichs Verständnis des Kaisertums. Die etwa hosenknopfgroßen Münzen sind Ausdruck des aus der Antike herrührenden kaiserlichen Goldprägemonopols und sollten in ihrem Aussehen und Gewicht ganz bewusst an den Aureus, die klassische Kaisermünze des Römischen Reiches, anknüpfen. Auf der Rückseite der ab 1231 in Messina und Brindisi geprägten Münzen umschließt der Namenszug + FRIDE-RICVS einen Adler mit nach rechts gewandtem Kopf. Auf der Vorderseite erscheint Kaiser Friedrich II. im Profil ganz antik im nach rechts gewandten Brustbild mit Lorbeerkranz und einem an der Schulter zusammengehaltenen Feldherrnmantel, dem *paludamentum*. In der Umschrift verrät der Münzherr seine Stellung: IMP ROM – CESAR AVG, was «Imperator Romanorum Caesar Augustus» bedeutet. Die Botschaft der Münze lag also buchstäblich auf der Hand: Ich, Friedrich, bin ein römischer Kaiser, und wie meine Vorgänger seit Augustus lasse ich aufgrund des mir zustehenden Rechts Goldmünzen schlagen. Und dass die Münze im selben

3 Jeder Untertan hat den Kaiser in der Hand: Zwischen den Jahren 1231 und 1250 wurden etwa eine Million Augustalen geprägt und in Umlauf gebracht. Die Vorderseite zeigt ein idealisiertes Brustbild Friedrichs II. in antiker Formensprache mit Lorbeerkranz und Mantel (paludamentum), die Rückseite einen Adler.

Jahr in die Welt trat wie der *Liber Augustalis*, das berühmte Gesetzeswerk des Kaisers, ist kein Zufall.

Man vermutet, dass insgesamt circa eine Million Augustalen Kaiser Friedrichs geprägt wurden, von denen heute noch knapp dreihundertfünfzig Exemplare existieren. Da sich vierundsechzig unterschiedliche Porträtstempel und fast hundert Adlerstempel nachweisen lassen und es auch Halbwerte, also Halbaugustalen, gibt, dürfte diese Münze tatsächlich im Umlauf gewesen sein. Das Raugewicht der Augustalen beträgt 5,26 Gramm, was einem Viertel einer sizilischen Goldunze gleichkam. Die Stempelschneider der Augustalen waren Künstler mit außergewöhnlichen technischen Fertigkeiten, denn ihnen gelang es, einen Kaiserkopf zu schaffen, der weit über den mitunter eher rührenden Bildnisversuchen früherer mittelalterlicher Münzprägungen steht. Die Sorgfalt des Stempelschnitts verweist auf den hohen Wert der Augustale, die sowohl ein Kunstwerk als auch ein Dokument des Zeitgeschmacks darstellt.

Herrschaft ließ sich auf vielerlei Weise sichtbar machen: durch Kronen, Throne, Zepter oder andere Herrschaftszeichen, durch Bauwerke, Feste, Hoftage oder Umritte mit mehr oder minder großem Gefolge und natürlich durch die Ausübung von

Rechten wie dem Münzregal, durch das man die eigenen Herrschaftszeichen regelrecht in den Taschen der Untertanen klimpern lassen konnte. Doch Herrschaft wurde und wird auch durch Wissen befestigt, deren Träger ganz unmittelbar mit der Verdichtung von Herrschaftsstrukturen zu tun haben. Für eine effiziente Verwaltung und juristische Durchdringung eines Herrschaftsbereichs benötigte man nicht nur schwerterprobte Kämpfer, sondern auch Fachleute für die alltägliche Verwaltung, schriftkundige, wortgewandte und vor allem juristisch geschulte Leute, die im Auftrag des Herrschers handelten. Für die einfachen Gefolgschaftsstrukturen der Personenverbände des Frühmittelalters waren nur wenige Experten erforderlich. Aber mit der immer komplizierter werdenden Durchformung von Herrschaft, der immer stärkeren Nutzung des schriftlich fixierten Römischen Rechts, der Anwendung von Assisen und Konstitutionen für den Rechtsalltag, der buchstabengetreuen Umsetzung des Herrscherwillens, brauchten die Monarchen mehr Fachleute, als die jeweilige unmittelbare Hofumgebung hergab. Diese Spezialisten wurden im hohen Mittelalter zunehmend an Universitäten ausgebildet.

Um die vielen Fachleute für sein Reich zu rekrutieren, musste Friedrich entweder landesfremde Juristen anwerben oder geeignete Untertanen an die oberitalienischen Schulen, besonders in das stauferfeindliche Bologna, schicken. Eine Lösung dieses Problems sah Friedrich konsequenterweise in einer eigenen kaiserlichen Hochschule, die er im Hochsommer 1224 in Neapel gründen ließ. An ihr – und nur an ihr und nicht mehr im «Ausland» –, so des Kaisers Weisung, sollten sich zukünftig seine Sizilianer Fachwissen aneignen.

Die Neapolitaner Schule entsprach zunächst nicht dem Modell einer Genossenschaft der Studierenden mit rechtlicher Autonomie und freier Stoffwahl, wie sie die oberitalienischen Universitäten kannten, sondern folgte eher antikem Vorbild. Als eine vom Herrscher dekretierte «Staatsuniversität» stellte Friedrichs Gründung somit ein Gegenmodell zu den sonst aus freiem Zusammenschluss entstandenen Schulen in den Kommunen dar. Nach mehreren Neu- und Umorientierungen entwickelte sich die Hochschule in Neapel kontinuierlich zur Universität weiter. Thomas von Aquin, glanzvollster Theologe und Philosoph des Mittelalters, war einer der bekanntesten Studenten und später auch Dozenten dort. Heute ist die Universität Neapel, die den Namen «Federico II» trägt, mit über einhunderttausend Studenten und achttausend wissenschaftlichen Angestellten eine der größten Universitäten Italiens.

Steingewordene Herrschaft: Die Bauten des Kaisers

Kaiser Friedrich II. war ein geradezu exzessiver Burgenbauer. Kaum ein anderer Herrscher hat so viele Befestigungen neu errichten oder bereits vorhandene verstärken und ausbauen lassen. Wie ein kleinmaschiges und dicht geknotetes Netz überzogen fast dreihundert Kastelle aus der Regierungszeit Friedrichs das Regnum Siciliae. Allein in der heutigen Region Apulien sind über einhundertfünfzig Burgen oder feste Türme teils in Überresten, teils aber auch vollständig erhalten. Die Burgen Friedrichs ragten als Garanten von Macht und Herrschaft in den süditalienischen Himmel, denn ein bedrohtes Land konnte man mit Befestigungen sowohl nach innen als auch nach außen sichern. Vielleicht erklärt sich daraus auch die auffällige Schieflage, dass Friedrich zwar Hunderte Kastelle zu errichten befahl, doch nur eine einzige Kirche, die im Jahr 1232 gegründete Kathedrale von Altamura in Apulien.

Die befestigten Anlagen ließ der Kaiser auf Bergen, Pässen und Flussübergängen zur Beherrschung des umliegenden Gebietes und zur Sicherung von Heerstraßen errichten, so in Gualdo Tadino, Celano oder Capua. Durch Kastelle wie in L'Aquila, Rocca Janula bei Montecassino und Lucera wurden auch die Grenzen zum Kirchenstaat gesichert. Sogar in der Nähe des Erzfeindes Florenz konnte der Kaiser in den Jahren nach 1240 die Festung von Prato ausbauen und verstärken. Friedrichs Söhne Enzio und Friedrich von Antiochien haben in der Burg von Prato herrscherliche Interessen wahrgenommen, nicht zuletzt als Reichsvikare für die Toskana. Nur wenige Kilometer davon entfernt und unmittelbar südlich des Arno befand sich in exponierter Lage zudem die Festung San Miniato al Tedesco, die auf den Fundamenten einer Kaiserpfalz aus früheren Jahrhunderten stand und ebenfalls Statthaltersitz gewesen war.

Auch Küsten und Häfen ließ Friedrich durch den Ausbau oder die Neuanlage von Seekastellen schützen, wie etwa in Trani, Bari, Barletta, Brindisi oder Otranto auf der Ostseite, Neapel oder Gaeta auf der Westseite des Stiefels. Castel Maniace in Syrakus, der völlig neue Komplex in Augusta oder die machtvoll dräuende Achtturmanlage von Castel Ursino in Catania sicherten die Ostküste Siziliens. Einen Höhepunkt der Bauaktivitäten bildeten die unsicheren Jahre 1239 und 1240, als gleichzeitig an den Kastellen in Messina, Catania, Lentini, Caltagirone, Augusta und Syrakus gearbeitet wurde. Ein Jahr später, 1241, kamen Burgen in Cervia, Faenza, Cesena und Bertinoro hinzu. Freilich wurden nicht alle Burgen ganz neu errichtet, bei einigen konnte er auf frühere königlich-normannische Anlagen zurückgreifen.

Innerhalb weniger Jahre hatte Friedrich mit seinem Netz aus Kastellen ganz Süditalien in eine einzige gesicherte Festung verwandelt, deren Ausgänge zur Meeres- und Landseite jederzeit geschlossen und gut verteidigt werden konnten. Von seinem Burgenbau geben nicht nur die steinernen Zeugen selbst Auskunft, sondern auch viele seiner Briefe, Verfügungen und Urkunden. Über die Abwehr äußerer und innerer Feinde hinaus gab es für den Kaiser noch einen weiteren Grund, über so viele Burgen wie möglich verfügen zu wollen. Friedrich regierte wie viele seiner Vorgänger und Nachfolger sein Reich auf Reisen. Im Sattel, auf den Zügen von Kastell zu Kastell oder zwischen festen Türmen, Jagdschlössern und Pfalzen wurde große Politik ebenso erdacht und besprochen wie in den Residenzen selbst.

Die militärische Organisation des Königreichs Sizilien ruhte auf den drei Pfeilern Heer, Flotte und Burgen. Für die Befestigungen, die der Krone unterstanden, berief der Herrscher eine neue Art von Dienstleuten zur Kastellverwaltung. Das Amt des *provisor castrorum* – das man mit Verweser oder Verwalter der Kastelle übersetzen könnte – schuf Friedrich neu für die Verwaltung der Burgen. Der Provisor hatte für eine bestimmte Region die Aufsicht über die Waffen, den Proviant und die angemessene personelle Besetzung der Burgen. Er konnte bei Bedarf selbständig Burgenbesatzungen umsetzen und zahlte persönlich den Sold aus. Der einzelnen Burg stand der Kastellan vor. Dessen Amt gab es zwar schon seit der Normannenzeit, doch ist seine Aufgabe besonders durch die Konstitutionen von Melfi von 1231 viel präziser definiert worden. So durfte der Kastellan außerhalb der Festung nur noch dann Waffen tragen, wenn das ausdrücklich befohlen worden war. Auch die Besatzung durfte die Burg nur unbewaffnet verlassen, und nicht mehr als vier Mann zur gleichen Zeit. Insgesamt kam es unter Friedrich zu einer Art «Bürokratisierung» der Burgenbesatzung. Es thronten immer weniger die stolzen Barone, die sich ohnehin oft als unsichere Kandidaten erwiesen hatten, in den Burgen, sondern zunehmend dienstbeflissene Getreue seiner Wahl. Der Lehensverband sollte zugunsten eines Systems von Dienstmannen neu strukturiert werden.

Die eindrucksvollste und bekannteste Burg aus Friedrichs Herrschaftszeit ist das Castel del Monte, ein festungsähnlicher achteckiger Bau, der auf einer Hügelspitze, einem Ausläufer der Murge, mitten in der kargen Landschaft Apuliens liegt. Seinen heute so berühmten Namen Castel del Monte trug der Bau zu Zeiten Kaiser Friedrichs allerdings noch nicht. In einem Brief des Kaisers vom Januar 1240 ist vom zukünftigen Bau des «Castello di Santa Maria del Monte» die Rede. Unklar ist, ob der Kaiser die Burg jemals fertig gesehen hat und ob er sie überhaupt je gesehen hat, denn es gibt keinen einzigen Nachweis für seinen Aufenthalt dort. Vielleicht war es sogar erst Friedrichs Sohn Manfred vergönnt, das Kastell zu vollenden. Erstmals im Jahr 1463, also über zweihundert Jahre nach dem Tode des Kaisers, wurde in einem Schreiben des damaligen Kastellans die heute so berühmte Bezeichnung Castel del Monte benutzt.

In seiner einfachen und zugleich beeindruckenden Form kann man dieses Gebäude mit Recht als die reifste Schöpfung der staufisch-süditalienischen Baukunst und als eines der bedeutendsten mittelalterlichen Architekturdenkmäler überhaupt bezeichnen. Von allen Seiten über große Entfernungen sichtbar,

4 Die Krone Apuliens: Auf einer Anhöhe mitten in der kargen Landschaft Apuliens und von allen Seiten über große Entfernungen sichtbar liegt Castel del Monte, das «Diadem des Hohenstaufenreiches», wie Ferdinand Gregorovius einst emphatisch über die Burg notierte.

erscheint Castel del Monte wie eine steinerne Krone und ein dauerhaftes Symbol kaiserlicher Macht. Es ist kein reiner Zweckbau, sondern auch ein Herrschaftszeichen, mit dem der Imperator sowohl Bewunderung als auch Unterwerfung erreichen wollte. Obwohl der Kaiser wahrscheinlich nie dort gewesen ist, überragt die Burg in den modernen Erinnerungen an ihn alle anderen Kastelle. Vielleicht ist sie sogar die bekannteste Burg Italiens, weil sie mit dem Namen des für den Apenninstiefel berühmtesten mittelalterlichen Kaisers verbunden ist. Die besondere Bedeutung der Anlage als ein europäischer Erinnerungsort lässt sich auch daran erkennen, dass sie 1996 in die Liste des Weltkulturerbes der Menschheit aufgenommen wurde – und dass sie die Rückseite der italienischen Ein-Cent-Münze ziert.

Von einem weiteren berühmten Bauwerk Friedrichs sind, wie schon im Falle der Residenz in Foggia, nur noch Reste vorhanden: In Capua gab es einst eine prachtvolle Toranlage, die eine noch von den Römern erbaute Brücke sicherte. Das beeindruckende Brückentor wurde zwischen 1234 und 1239 errichtet.

5 Kopien einer Nachahmung: Der Bildhauer Tommaso Solari modellierte vor 1779 vom Original des Capuaner Kaiserkopfes eine Nachahmung, die 1943 leider zerstört wurde. Auf diese Nachbildung gehen verschiedene Kopien in Gips und Terrakotta zurück, wie etwa in Neapel, Göppingen oder Annweiler sowie die hier abgebildete in Capua.

Es bestand aus zwei zylindrischen Türmen, die an den sich zugewandten Seiten abgeflacht waren, sodass ein Durchgang entstand. Zwischen den Türmen erhob sich eine Verbindungsmauer, die auf der stadtabgewandten Seite mit einem dreigeschossigen Skulpturenprogramm mit Inschriften, gleichsam «sprechenden Plastiken», ausgestattet war. Unten waren in drei Tondi zwei Richter – möglicherweise Petrus de Vinea und Thaddaeus de Suessa – sowie direkt über dem Bogenscheitel ein weiblicher Kolossalkopf als Verkörperung der *Iustitia Caesaris* angebracht. In den darüber befindlichen Bogennischen gab es rechts und links zwei weitere Figuren, und in der Mitte thronte der Kaiser selbst. Die Kaisergestalt mit einer Zackenkrone auf dem Kopf sowie Zepter und Reichsapfel in den Händen bildete das architektonische und ikonographische Zentrum der Anlage.

Das Brückentor war ein politisches Manifest, das sowohl den Geist des Imperators als auch den *rigor iustitiae*, die Strenge der Gerechtigkeit, versinnbildlichte. Es war ein steinernes Symbol der kaiserlichen Selbstapotheose und des Rechts, das vom Kaiser ausgeht und das Friedrich 1231 in seinem *Liber Augustalis* in die Welt gegeben hatte. Als Sinnbild der alleinigen

Quelle des Rechts ahmte Friedrich nicht nur auf Pergament oder in Gold, sondern hier auch in Marmor jenen nach, von dem man glaubte, dass er schon einmal eine gerechte Friedenszeit für den Erdkreis gesichert hatte: Kaiser Augustus. Das Figurenprogramm ist heute leider nur noch fragmentarisch erhalten. Die spärlichen Reste des plastischen Schmuckes, darunter der Torso der in der Mitte durchgesägten Kaiserstatue sowie Fragmente von Köpfen und Löwen, erlauben nur noch eine Ahnung davon, wie beeindruckend die prachtvolle Fassade einst gewesen sein muss.

Ohne Friedrich und seine Bauten, ohne Castel del Monte, das Triumphtor in Capua und weitere Kastelle und Paläste wären einige der großartigen Schöpfungen der Renaissance, die in den folgenden Jahrhunderten errichtet wurden, nicht denkbar. Friedrichs Bauten erforderten einen gewaltigen Aufwand an materiellen und geistigen Mitteln, der zumindest für den ursprünglichen Zweck einer Sicherung der Herrschaft völlig wirkungslos geblieben ist. Für die Sicherung der Erinnerung an die Herrschaftszeit Friedrichs über Jahrhunderte hat sich die Mobilisierung der Ressourcen jedoch gelohnt.

Dichtung, Wissenschaft und Falknerei

Kaiser Friedrich II. hinterließ nicht nur als Gesetzgeber und Bauherr beachtenswerte Spuren, sondern auch als Wissenschaftler und Schöngeist. Sein Interesse richtete sich auf so vielfältige Bereiche wie die Dichtkunst, die er mit eigenen Versen bereicherte, den Besitz einer Bibliothek und sogar auf die empirische Durchdringung vieler naturwissenschaftlicher Probleme, vor allem auch solcher, die mit der Jagd zusammenhängen. Das Motiv hierfür war nicht allein persönliches Interesse, sondern die künstlerischen und wissenschaftlichen Aktivitäten des Kaisers konnten zugleich Teil der Herrschaftslegitimation und Repräsentation sein. Wenn Friedrich gelehrte Männer um sich scharte, inszenierte er sich als Mittelpunkt der Wissenschaft und damit auch als Zentrum der Herrschaft. Expertenkommissionen für juristische Probleme, Fachleute für Kanzlei- und Verwaltungsaufgaben, eine Hochschulgründung, ein Dichterkreis und Büchersammlungen, Hofphilosophen und Hofmathematiker, dazu noch Naturbeobachtungen, Ornithologie und Aristoteleskritik – all dies belegt das besondere Verhältnis Kaiser Friedrichs II. zu den Wissenschaften und erklärt, warum die Nachwelt ihn für einen Humanisten vor seiner Zeit, einen Freigeist oder sogar Epikuräer halten konnte. Von hier aus ist der Schritt auch nicht mehr groß, dem Kaiser all die absurden Versuche zu unterstellen, die durch die späteren Überlieferungen geistern: Isolation von Kindern, um der Ursprache auf die Spur zu kommen, Bauchaufschlitzen, um die Verdauung zu studieren, Menschen in Fässern krepieren lassen, um zu sehen, ob denn die Seele auch durch ein Spundloch zu entweichen vermag.

Das Bild von Friedrich als Wissenschaftler ist dennoch nicht nur spätere Projektion, er hatte tatsächlich ein großes Interesse an den wissenschaftlichen Fragen seiner Zeit, die er nicht wahllos, sondern – das ist ein weiterer bemerkenswerter Zug – systematisch zu ergründen suchte. Der Umgang mit dem Wissen der Zeit unterlag am kaiserlichen Hof natürlich anderen Regeln, als sie in den klösterlichen und in den sich nun rasant entfaltenden städtischen und universitären Wissenskulturen gepflegt wurden. In seiner Umgebung befanden sich zwei Gelehrte, die für die Wissenschaftsgeschichte überaus wichtig sind: zum einen der Philosoph, Mediziner, Alchimist, Astrologe und – wie Dante Alighieri meinte – auch Magier Michael Scotus (um 1175 – um 1235), den man in Italien auch «Il Merlino di Sicilia», den Merlin Siziliens, nannte. Zum anderen handelt es sich um Leonardo da Pisa (um 1170 – um 1245), auch Fibonacci genannt, das wohl größte Mathematikgenie des europäischen Mittelalters, dem Europa letztlich das Rechnen mit indoarabischen Zahlzeichen und vor allem mit der Null verdankt. Beide kamen mit Kaiser Friedrich II. zusammen und haben durch ihr Wirken nicht nur auf die europäische Geistes- und Kulturgeschichte großen Einfluss ausgeübt, sondern auch auf den Kaiser selbst.

Friedrichs persönliche Interessen an den schöngeistigen Dingen lassen sich am besten mit den beiden Stichworten «Sizilischer Dichterkreis» und «Kunst der Falkenjagd» beschreiben. Zur Zeit Friedrichs II. war das Dichten sehr verbreitet, geradezu eine Mode geworden, und hatte die ritterliche Kultur stark durchdrungen. Der Dichtung waren mittlerweile auch weltliche Themen erschlossen worden. Ritter wie Walther von der Vogelweide, Wolfram von Eschenbach, Gottfried von Straßburg oder Hartmann von Aue beschrieben und deuteten die vor ihren Augen liegende Welt in Versen, indem sie ihre Helden Tristan, Parzival, Willehalm, Erec oder Iwein Schwerter schwingen, Rosse tummeln und Damen verehren ließen. Auch der Einfluss der französischen Troubadours strahlte kräftig nach Deutschland und Italien aus. Schon 1220 hatten sich einige Dichter am Hof des zur Kaiserkrönung nach Rom ziehenden Herrschers eingefunden. Barden wie Folquet aus Romans und Guilhem Figueira aus Toulouse dichteten Lieder, die an Friedrich als Herrscher gerichtet waren.

Seit den 1220er Jahren fanden an Friedrichs Hof einige Dichter ihre Heimat, die sich hier gegenseitig ihre neuesten Reimschöpfungen vortrugen. Nicht nur Friedrich selbst beteiligte sich an der poetischen Produktion, sondern auch seine Söhne Manfred, Enzio und Friedrich von Antiochien. Ein bedeutender Dichter dieses Kreises war Jakob von Morra, der den Künstlernamen Giacomino Pugliese trug und dank des kaiserlichen Vertrauens bis in das Amt des Generalvikars der Mark Ancona aufstieg. Auch Arrigo Testa, der mehrfach im Amt eines Stadtpodestà nachweisbar ist, Jacob Mostacci, der als Falkner dem Kaiser diente, die Juristen Giacomo da Lentini – als Künstler Notaro genannt – und Guido delle Colonne gehörten dazu, außerdem Rainald von Aquino, der Bruder des später so berühmten Scholastikers Thomas. Auch der bedeutendste «Wortsetzer» aus Friedrichs Umgebung, der Logothet Petrus de Vinea, dichtete in diesem Kreise. Nicht nur in seinen lateinischen Texten, sondern auch bei der Liebeslyrik zeigte er sich als ein begnadetes Talent.

Die Dichter am Hof des Kaisers dürfen aber nicht nur als Künstler gelten, sondern sie waren vornehmlich in die Regierungsarbeit einbezogen, in diplomatischen Angelegenheiten unterwegs oder bekleideten verantwortungsvolle Positionen. Nicht Dichter machten wegen ihrer Verse am Hof Karriere, sondern Entscheidungs- und Machtträger am Hofe wurden zum Dichten animiert. Es war die intellektuelle Führungsschicht des *regnums*, die in ihrem geistigen Walten auch Verse setzen wollte. Beim Experimentieren mit Worten und Formen entstanden unter Friedrichs Fittichen nicht nur neue Gedichte, sondern es wurde auch eine ganz neue lyrische Form geschaffen, die von hier aus ihren Siegeszug durch ganz Europa antrat: das Sonett. Dante, der diesen Sammelpunkt volkssprachlicher Dichter um Kaiser Friedrich II. auch als *scuola poetica siciliana* bezeichnet hat, sah hier den großartigen Auftakt zu einer ruhmreichen italienischen Nationalliteratur.

Später suggerierte die Figur des Kaisers, der inmitten seiner Dichter selbst zur Feder greift, dass es der Künstler ist, der Herrschaft ausübt, eine Idee vom Künstlerstaat, die besonders auf die Literaten um Stefan George – darunter auch Ernst Kantorowicz, den berühmtesten Friedrich-Biographen – einen großen Reiz ausübte. Dass der Gegensatz von Weltenlenker und Musensohn, von Macht und Geist in einem Herrscher aufgehoben sein könnte, hat Intellektuelle schon oft zum Träumen verleitet. Doch seit Norbert Elias' Buch *Über den Prozeß der Zivilisation* wissen wir, dass die Gewinnung sozialer Kontrolle und eine «Verhöflichung der Krieger» in der mittelalterlichen Adelsgesellschaft auch über die Minne, lange allein als geistige Liebe idealisiert, erreicht wurden.

Das zweite große Themenfeld, das Kaiser Friedrich II. noch mehr beschäftigt hat als das Dichten, war die Jagd mit Falken, die sogenannte Beizjagd. Kein anderer mittelalterlicher Herrscher scheint so sehr der Jagd mit Falken verfallen gewesen zu sein wie er. Es war eine regelrechte Falkomanie, die ihn beherrschte. Das Besondere an den Falken ist, dass sie nie Eigentum ihrer Herren werden, wie etwa abgerichtete Hunde, die bei jedem Pfiff herbeispringen. Selbst ein Kaiser, der *imperator Romanorum*, konnte seinen Falken nicht befehlen, zurückzukommen. «Nicht mit Gewalt, allein durch den Scharfsinn» – wie Friedrich selbst schrieb – waren sie überhaupt zu fangen und abzurichten. Das ist es, was die große Herausforderung überhaupt ausmachte, sich gerade dieser Raubvögel bei der Jagd zu bedienen.

Seinen Falken widmete Friedrich einen großen Teil seiner täglichen Aufmerksamkeit. Auch aus der Ferne sorgte er sich um sie. Liebevoll erkundigte er sich in einem Brief vom 24. November 1239 nach seinen Schützlingen und befahl seinem obersten Hoffalkner, der kaiserlichen Majestät zu berichten: «Ob es ihnen gut geht und wie viele es sind, und besonders, wie es um die Falken steht, die auf Malta gefangen wurden, ferner ob ihr in diesem Jahr Wanderfalken habt und wie viele es sind.» Giovanni Villani (um 1280–1348) überliefert in seiner Chronik: «Er ließ ein Vogelgehege im Sumpfgebiet von Foggia in Apulien anlegen, ein Jagdrevier in der Nähe von Gravina und ein weiteres in den Bergen von Melfi. Im Winter weilte er in Foggia zur Falkenbeize, im Sommer in den Bergen, um dort nach Herzenslust zu jagen.» Zeitweise standen rund fünfzig Falkner in Friedrichs Diensten, deren Namen wir sogar teilweise kennen. Auch die Falken trugen Namen. Einen der Sakerfalken zum Beispiel nannte Friedrich *Saxo*, den Sachsen, was ein Hinweis auf seine Herkunft sein könnte. Besonders begehrt für die Beize waren Ger- und Sakerfalken aus dem Norden, aus Norwegen oder Island etwa. Der Handel mit den Falken aus dem Norden ist im Mittelalter zum großen Teil über die führende Hansestadt Lübeck abgewickelt worden. Auch Kaiser Friedrich II. bezog von hier einige seiner Lieblinge. So beauftragte er zu Beginn des Jahres 1240 mehrere junge Edelleute, die als *vallecti*, also als kaiserliche Hofknappen bezeichnet werden, aus Lübeck isländische Falken nach Italien zu holen.

Kaiser Friedrich II. betrieb die Falkenjagd nicht nur aus Repräsentationsgründen oder zur Zerstreuung, sondern mit einer erheblichen naturwissenschaftlichen Neugier, die für seine Zeit einzigartig ist. Seine Erfahrungen und Studien notierte er systematisch und verband sie mit Beschreibungen aus verschiedenen anderen Jagdtraktaten zu eigenen Darlegungen über die Jagd. Wir wissen von zwei Werken, an deren Übersetzung, Zusammenstellung und Verbreitung der Kaiser maßgeblich beteiligt war: zum einen der sogenannte *Moamin* und zum anderen das berühmte Falkenbuch *De arte venandi cum avibus*.

Weil Friedrich nicht einmal kurze Zeit auf den Umgang mit seinen Lieblingen verzichten wollte, handelte er sich seine schwerste militärische Niederlage ein. Als die vom Kaiser belagerten Parmesen 1248 in einem Ausfall die kaiserlichen Truppen schlugen, war der Imperator gerade mit seinen Falken unterwegs. Beim Plündern des kaiserlichen Lagers brachten die Sieger Friedrichs gesamten Besitz an sich, darunter sogar eine Krone und einen sehr geschätzten und kostbar verzierten *Liber de avibus et canibus,* ein Buch über Vögel und Hunde. Ein Mailänder Bürger und Kaufmann namens Guilielmus Bottatius konnte diese besonders kostbar gebundene Handschrift den Plünderern abhandeln. Er bot sie im Jahr 1264 Karl von Anjou an, dem sich gerade auf die Eroberung Siziliens vorbereitenden Grafen der Provence. Aus einem Brief an den Grafen erfahren wir, dass dieses Werk dem Kaiser «mehr als alles, was ihn sonst erfreute, teuer war und dessen staunenerregende Schönheit und Bedeutsamkeit keine Zunge zu preisen vermag. Denn mit Gold- und Silberschmuck kunstvoll verziert, mit dem Bild der kaiserlichen Majestät geschmückt und dem Umfang nach so dick wie zwei Psalter, lehrt es in wohlgeordneter Reihenfolge alles Wissenswerte über Habichte, Falken, Gerfalken, Sperber und andere edle Vögel sowie alle Hunde.» Das ist zugleich auch die letzte Nachricht, die wir von dieser Handschrift haben.

Lange Zeit glaubte man, dass es ein Prachtexemplar der kürzeren Fassung des berühmten Werkes *De arte venandi cum avibus* gewesen war. Doch höchstwahrscheinlich handelte es sich um ein anderes Werk des Kaisers. Das kostbare Buch enthielt eine Zusammenstellung von einigen fremden Jagdtraktaten, die Friedrich gesammelt und teils mit eigenen Beobachtungen angereichert hat. Die Ergänzungen des Kaisers waren offenbar so umfangreich, dass man sogar von einem zweiten Falkenbuch des Kaisers sprechen könnte.

Den Kerntext dieses bei Parma verlorenen Buches stellte wahrscheinlich der sogenannte *Moamin* dar, ein spezieller falken- und hundeheilkundlicher Traktat, der einer arabischen

Vorlage entnommen war. Schon seit Jahrhunderten verfügte man im Orient über große Erfahrungen in der Falkenbeize, die sich in einer reichen Literatur darüber niederschlugen. Für ein vertiefendes Wissen über seine Lieblinge hatte sich der Kaiser deshalb mehrere arabische Jagdbücher beschafft und ins Lateinische übersetzen lassen. Der Text des *Moamin* stellt wiederum eine Kompilation aus zwei älteren arabischen Quellen dar, der Textsammlung *Adham al-Gitrīf* aus dem 8. Jahrhundert und dem *Kitāb al-Mutawakkilī* aus dem 9. Jahrhundert. Erst am Hof und unter maßgeblicher Beteiligung Kaiser Friedrichs II., der alle diese Aufzeichnungen verarbeitete, sowie der Hofphilosophen Michael Scotus und seines Nachfolgers Theodor von Antiochien (um 1195–1250) sind verschiedene Fassungen eines lateinischen *Moamin* zusammengestellt worden. Als Zeitraum für die Bearbeitung des *Moamin* kommt die Spanne zwischen August 1240 und April 1241 in Frage, als der Kaiser täglich grimmiger zu der seiner Belagerung trotzenden Stadt Faenza hinübersah. Die vor Parma verlorene Prunkfassung enthielt offenbar diesen von Friedrich bearbeiteten *Moamin* und noch weitere zentrale Texte zur Jagd, etwa den *Dancus rex* und den *Guillelmus falconarius*. Diese beiden Abhandlungen stammten aus dem Umfeld von Friedrichs Großvater König Roger II., der auf Sizilien ebenfalls auf orientalisches Wissen zurückgegriffen hat.

Die Wirkungsgeschichte des *Moamin* entfaltete sich über acht Jahrhunderte. In Italien war der Traktat im Mittelalter sehr verbreitet. Kurz nach seiner Entstehung sind mindestens zehn Abschriften wahrscheinlich auf Geheiß des Kaisers angefertigt worden. Sie dienten seinen an verschiedenen Orten stationierten Falknern als Kompendium der Beizjagd. Fast vierzig erhaltene und noch einmal fast ebenso viele erschließbare Fassungen sind heute bekannt. Später gelangten *Moamin*-Fassungen zu den Aragonesen und den Sforza, zu König Karl VIII. von Frankreich (1483–1498) und Kaiser Maximilian I. (1493–1519). Eine franko-italienische Fassung dieses Buches war für Friedrichs Sohn Enzio bestimmt. Die in der Umgebung des Kaisers entstandenen *Moamin*-Fassungen sind damit Paradebeispiele für den orientalisch-okzidentalen Wissenstransfer und die Weiterverarbeitung dieses Wissens im christlichen Europa. Sie sind darüber hinaus als Produkte einer entwickelten Hofkultur Zeugnisse einer arabischen Literatur, über die die arabische Welt zum Teil heute selbst gar nicht mehr verfügt.

Ein weiteres Kompendium über die Beize war das berühmte Buch Friedrichs über die Falkenjagd, das oft in einem Atemzug mit dem Namen des Kaisers genannt wird. Es trägt den Kurztitel *De arte venandi cum avibus,* «Über die Kunst, mit Vögeln zu jagen». Bei diesem Jagdtraktat handelt es sich um das wohl kompetenteste Falkenbuch, das je verfasst worden ist. Friedrich stellt darin nicht nur die Abrichtung der Jagdfalken und den Ablauf der Beizjagd dar, sondern entfaltet ein breites Panorama ornithologischer Beobachtungen wie etwa zum Vogelflug oder zur Brutpflege verschiedener Arten. In dem Werk werden über einhundert Vogelarten, manche von ihnen erstmalig, behandelt. Es werden dabei nicht nur viele Arten von Beizvögeln beschrieben, sondern auch das breite Spektrum der Raubvogelbeute. Viele der behandelten Tiere sind in Miniaturen mit viel Realismus und Detailkenntnis dargestellt. Fast alle behandelten Vogelarten lassen sich heute ornithologisch identifizieren, ja man kann mit dem Werk für das nördliche Apulien und die Zeit um die Mitte des 13. Jahrhunderts geradezu eine zoologische Momentaufnahme rekonstruieren.

Eine Besonderheit von Friedrichs Traktat ist, dass er die Schriften des Aristoteles kritisiert, wenn seine eigenen Erkenntnisse denen des Philosophen widersprechen. In der Einleitung heißt es: «Beim Schreiben sind wir auch, wenn es erforderlich war, dem Aristoteles gefolgt; in manchen Dingen scheint er jedoch, wie wir aus Erfahrung lernten, besonders bezüglich der Natur bestimmter Vögel, von der Wahrheit abzuweichen. Deshalb folgen wir dem Fürsten der Philosophie nicht in allem; denn selten oder niemals hat er die Jagd mit Vögeln ausgeübt, wir aber liebten sie von Jugend auf und übten sie stets aus.» Damit zog der Kaiser seine empirischen Wald- und Feldforschungen der zoologischen Stubenhockerei eines Aristoteles vor, der zwar bis dahin als die unangefochtene Autorität angesehen worden war, dessen Augen aber eben alles nur von alten

6 Der thronende Kaiser mit einem Falken: Am Beginn der prachtvoll illustrierten Handschift *De arte venandi cum avibus,* «Über die Kunst mit Vögeln zu jagen», wird der Kaiser mit einem seiner Lieblinge dargestellt.

Papyri her kannten und nicht vom Geflatter im Geäst der Bäume oder auf Tümpeln und Teichen. Wie in einem modernen Vorwort macht Friedrich einleitend einige Bemerkungen zu Sinn, Aufbau und Inhalt des Werkes. Unter dem Stichwort *De intentione,* «Über die Absicht», diktierte Friedrich: «Unsere Absicht aber ist es, in diesem Werk über die Beize die Dinge, die sind, wie sie sind, darzustellen und dem Rang einer Kunst zu sichern, wovon keiner bisher Wissen besaß, das noch keiner als Kunst angesehen hat.» Eine *ars,* eine Kunst, sollte die Jagd sein, wobei man im Mittelalter darunter nicht den heute gebräuchlichen Kunstbegriff verstand, sondern eher eine Vorstellung von Wissenschaft damit verband. In diesem Sinne wollte der Kaiser die *ars venandi* verstanden wissen und die Dinge, die sind, eben darstellen, wie sie sind, *que sunt, sicut sunt.*

Vermutlich wurde der Traktat zwischen 1241 und 1248 verfasst. Leider ist eine Handschrift, die ganz oder teilweise noch zu Lebzeiten des Kaisers geschrieben und gezeichnet wurde, nicht mehr erhalten. Die älteste Überlieferung des kaiserlichen Buches *De arte venandi cum avibus* ist eine Abschrift, die sich sein Sohn Manfred als König von Sizilien anfertigen ließ. Wahrscheinlich hinterließ der Kaiser selbst nur unfertige Arbeitsexemplare. Überliefert sind uns zwei unvollständige Fassungen: zum einen eine ausführliche Ausgabe in sechs Büchern, die sich unter anderem in Bologna und in Paris erhalten hat, zum anderen eine kürzere Version in zwei Büchern mit einigen Zusätzen, die es in der längeren Fassung nicht gibt. Diese kürzere Version ist heute die berühmtere, weil sie in jenem in der Biblioteca Apostolica Vaticana verwahrten Prachtkodex überliefert ist, der einst Friedrichs Sohn, König Manfred, gehörte. Der Sohn Bianca Lancias war wie sein Vater ein begeisterter Falkner und verfügte über viel Erfahrung auf diesem Gebiet. Er hat für diese Fassung wahrscheinlich die Aufzeichnungen seines Vaters mit eigenen Kommentaren versehen und offensichtliche Lücken schließen lassen. Seine eigenen Erfahrungen flossen als Zusätze, die mit *rex Manfredus* gekennzeichnet wurden, in den Text ein. Man könnte also bei dieser Fassung von einer Vater-Sohn-Koproduktion sprechen.

Wahrscheinlich ist diese Abschrift in den Jahren 1258 bis 1266 entstanden, doch auch sie blieb unvollendet, wie man aus einer Reihe von nicht mehr kolorierten, aber vorgezeichneten Bildern am Ende der Handschrift sehen kann. Dieses kostbare Manuskript der kürzeren Fassung des Falkenbuchs enthält über neunhundert Einzelszenen, von denen die bekannteste jene sein dürfte, die den Kaiser selbst mit einem Falken zeigt. Gerade die liebevoll gestalteten Miniaturen haben erheblich dazu beigetragen, dass *De arte venandi cum avibus* mit nicht einmal fünfundzwanzig erhaltenen oder erschließbaren Textzeugnissen berühmter werden konnte als der viel weiter verbreitete *Moamin*. So erscheint dieses illustrierte Buch Friedrichs wie ein als Edelreis aufgepfropfter Seitenzweig des *Moamin*, der mit seinen farbenfrohen Blüten alle Aufmerksamkeit vom nährenden Stamm abgelenkt hat.

Friedrichs Buch über die Falkenjagd ist ein beeindruckendes Beispiel für ein neues empirisches Wissenschaftsverständnis, weil sich der Autor als Naturforscher vom ausschließlichen Schriftwissen löste. Die Leistung des Kaisers bestand darin, dem gesammelten Wissen eine Ordnung zu geben, in der die einzelnen Details ihren Platz erhielten. Doch nicht nur das: Die Schrift wirkte im philosophischen Sinne weiter, denn der Traktat war auch eine Anleitung für Werte jenseits allen Geflatters. Die Falknerei nobilitiert nämlich denjenigen, der sie ausübt, weil sie selbst die edelste Jagdart ist, eine intellektuelle und ethische Schulung für die Besten, die das Gemeinwesen tragen. Sie ist Ausbildungsphase und Reifeprozess zugleich. Darüber hinaus ist das Falkenbuch ein Traktat über das Herrschen selbst und über gottgegebene Hierarchien. Die starke Hand, die führt, so lernt man daraus, und deren Führung der daran gewöhnte Untergebene so sehr braucht, egal ob Falke, Bauer oder Edelmann, ist eben die des Kaisers.

4. Endlose Konflikte

Die Absetzung König Heinrichs VII.

Als *rigor iustitiae*, als «Härte der Gerechtigkeit» im Sinne einer konsequenten Anwendung der Gesetze, bezeichnet man ein mittelalterliches Verfahren von inszenierter Unnachgiebigkeit. Es fand seinen Ausdruck in unerbittlicher und ungewöhnlicher Strenge, mitunter sogar in einem *terror* der Könige und blutigen Grausamkeiten. Die Härte der Gerechtigkeit war von einem der Vorfahren Friedrichs II., Graf Roger I., als ein Herrschaftsinstrument zur Unterordnung seiner ehemals ebenbürtigen Waffengefährten bei der Eroberung Siziliens erfolgreich eingesetzt worden. In der Tradition der Könige Siziliens stehend, wandte auch Friedrich II. den *rigor* öfter an: Als er etwa nach seiner Rückkehr vom Kreuzzug 1229 um sein Königreich kämpfte, wurde, wie der Chronist Richard von San Germano überliefert, an der abtrünnigen Grenzstadt Sora ein furchtbares Exempel statuiert, das als unerbittliches Strafgericht den Untertanen die Macht des Königs demonstrieren sollte. Die gesamte Stadt wurde niedergebrannt und ein Teil der Einwohner umgebracht. Wie einst Karthago, sollte der Ort nie wieder aufgebaut werden.

Diese Herrschafts- und Strafsymbolik mit ihrer spezifischen Logik von Terror und Gewalt als Mittel der Friedenssicherung war mit den Regeln der Konfliktlösung, wie sie im nordalpinen deutschen Reich praktiziert wurden, allerdings unvereinbar. Hier konnte man mit einer Unterwerfungsgeste, einer sogenannten *deditio*, bei der eine Partei in einer geregelten Abfolge von Handlungen gegenüber einer anderen Partei öffentlich ihre Schuld bekannte, die Annahme der Buße und Vergebung der Schuld erzwingen. Das Verfahren besaß eine lange Tradition, konnte sogar in Details vorher abgesprochen werden. Es war in einer auf Zeichen bedachten Welt eine wirkungsvolle Konfliktlösungsstrategie, die den Schlusspunkt unter viele Auseinandersetzungen im streitlustigen Mittelalter setzte. Diese so völlig verschieden gelagerten Regeln der Politik stellen ein Phänomen der Gleichzeitigkeit des Ungleichzeitigen dar. Es sind die jeweiligen Strukturbedingungen innerhalb des europäischen Hochmittelalters, die solche unterschiedlichen Verfahrensweisen geschaffen haben. Und wenn dann noch verletzte Ehre ins Spiel kam, wurden Konfliktsituationen ausweglos, zumindest was ihre friedliche Beilegung anging.

Ein eindrucksvolles Beispiel dafür, wie die beiden ganz unterschiedlichen Wege der ritualisierten Konfliktlösung einen unauflösbaren Knoten des Ritualmissverständnisses schürzten, ist der Konflikt des Kaisers mit seinem Sohn König Heinrich VII. Der erstgeborene Sohn des Kaisers, der rechtmäßig gewählte und gekrönte deutsche König, hatte im Sommer 1235 versucht, durch eine Unterwerfungsgeste die väterliche Vergebung zu erlangen. Das war nötig geworden, weil über Jahre ein tiefer Dissens mit dem Vater gewachsen war, seitdem der siebzehnjährige König Heinrich VII. zu Weihnachten 1228 selbst die Regierung übernommen und bei der Durchsetzung seiner Politik in Deutschland in den 1230er Jahren zunehmend Rückhalt beim niederen Adel, den Reichsministerialen und den Städten gesucht hatte. Vieles, was er tat, wurde jedoch von den Fürsten als Eingriff in ihre Rechte angesehen, und der wachsende Unmut führte zu einer Reihe von Beschwerden beim Kaiser. Heinrichs deutsche Königspolitik geriet zunehmend in Widerspruch zum imperialen Herrschaftskonzept seines Vaters, für das dieser an einem wohlwollend-elastischen Verhältnis zu den Reichsfürsten festhalten wollte. Doch der dramatische Konflikt zwischen Vater und Sohn, der in einen offenen Aufstand Heinrichs mündete, lässt sich nicht allein auf die beiden Hauptpersonen reduzieren, sondern es spielten dabei auch Differenzen zwischen zwei Adelsgruppierungen eine Rolle, deren Motivlagen nicht immer deutlich zu erkennen sind und die als Klientel zweier Herrscher und damit auch zweier Höfe Konkurrenten waren.

Zu Beginn des Jahres 1235 ließ der Kaiser an die Fürsten, «die Leuchten und Spitzen unseres Reiches», «unsere Augäpfel», schreiben, dass er «ein so offensichtliches Vergehen kindlichen Ungehorsams gegen sich und seine Fürsten» nun nicht mehr länger dulden könne. Mitte April brach Friedrich deshalb zu seinem zweiten Zug nach Deutschland auf. Er hatte keine starken Truppen bei sich, sondern zog es vor, auf die Prachtentfaltung seines Hofes und auf seine persönliche Wirkung zu setzen. Als Friedrich nördlich der Alpen erschienen war, griff König Heinrich zu einem bislang bewährten Mittel. Im Juli 1235 versuchte er sich in der Pfalz Wimpfen dem Kaiser zu unterwerfen und seine Gnade zu erflehen. Doch Friedrich ließ seinen Sohn nicht einmal zu sich vor. Wenige Tage später versuchte es Heinrich erneut. In der Bischofskirche zu Worms fiel er, all seiner königlichen Insignien entkleidet, seinem Vater zu Füßen und bat um Gnade. Doch mit dem Fußfall, der sogenannten *prostratio*, demütigte er sich umsonst, denn der Kaiser gewährte nicht die erhoffte Gnade, sondern wandte auch in der Auseinandersetzung mit seinem Sohn den *rigor iustitiae* an. Statt Vergebung zu empfangen, verlor Heinrich seine Stellung als König, seine Ehre und seine Freiheit. Unter Bewachung wurde er abgeführt und musste bald darauf für immer in den Kerker. Was im Norden als traditionelles Unterwerfungsritual galt und wirkte, war in Süditalien als Instrument der Politik völlig unwirksam geworden. Dieser Vorfall zeigt einmal mehr die südliche sizilische Prägung Kaiser Friedrichs II.

Das Ende Heinrichs VII. gleicht dem Finale in einem Drama von Shakespeare. Anfang 1236 befahl der Kaiser, seinen Sohn mit Bewachung auf zwei Galeeren von Aquileia nach Siponto zu bringen. Heinrich verschwand dann für lange Zeit in der Burg San Fele bei Melfi in der Basilicata. Im Jahr 1240 verlegte man ihn nach Nicastro bei Cosenza. Nach siebenjähriger Haft geschah im Februar 1242 in Martirano die Tragödie. Als der zweiunddreißigjährige ehemalige König vom Rocca Martirano in das nahe gelegene Kastell San Marco verlegt werden sollte, stürzte er vom Pferd und starb an seinen Verletzungen. Man munkelte, es sei Selbstmord gewesen. Heinrich habe sich wahrscheinlich mit Absicht selbst vom Pferd in eine Schlucht gestürzt. Sein Leichnam wurde im Dom von Cosenza bestattet.

Das historische Urteil über König Heinrich VII. fiel lange Zeit sehr negativ aus, da es von der Perspektive des zeitweiligen Siegers und daher Herrn über die Erinnerungen geprägt war. Man suchte lange alle Schuld an dem Konflikt bei Heinrich, beschwor seinen Ungehorsam und seine Sprunghaftigkeit. Erst in den letzten Jahrzehnten hat sich das Urteil über ihn gewandelt. Man sieht nun klarer, dass die Herrschaftszeit Heinrichs VII. keineswegs so glücklos war, wie man lange zu wissen glaubte. Der Ausbau der Landesherrschaft, die Konsolidierung der eigenen Hausmacht und die Gründung und Unterstützung von Städten dienten der Stärkung des eigenen Königtums. Zudem scheint Heinrich auch ein kunstsinniger Herrscher gewesen zu sein, an dessen Hof es viele Minnesänger zog. Heinrich VII. handelte in Deutschland wie ein deutscher König, der seine Königsrechte deutlicher wahrnahm, als es der Kaiser gegenüber den Fürsten für richtig hielt. Das aber musste zwangsläufig zum Zusammenprall mit dem Vater führen, der mit den großen Machtträgern in Deutschland für seinen – im Nachhinein betrachtet vergeblichen – Kampf um Italien konfliktfrei auskommen wollte.

Als Friedrich zu seinem Zug nach Deutschland aufbrach, wurde er von seinem zweitältesten legitimen Sohn Konrad begleitet. Dieser sollte seinen Halbbruder Heinrich als *rex Romanorum* ersetzen. Doch die Fürsten zierten sich, den Knaben sofort nach Heinrichs Absetzung auf dem Mainzer Hoftag 1235 zum König zu wählen. Erst im Februar 1237 gelang es dem Kaiser in Wien, Konrad zum römisch-deutschen König küren zu lassen. Konrad wurde jedoch nie gekrönt und führte deshalb den Titel *in Romanorum regem electus,* also «erwählter König der Römer».

Im Spätsommer 1237 sammelte der Kaiser nach der Ordnung der deutschen Angelegenheiten in seinem Sinne ein Heer, um sich wieder auf seine Auseinandersetzungen mit dem Papst und den italienischen Städten zu konzentrieren. Bei diesem dritten Deutschlandaufenthalt sah man den Kaiser zum letzten Mal im nördlichen Teil des Reiches: Er verließ es im Herbst 1237 für immer und zog zurück nach Italien. Wie schon bei seinem Zug nach Süden im Jahr 1220 ließ er erneut einen neunjährigen Sohn als König zurück, der ihn formal vertreten sollte.

Betrachtet man die Handlungsmuster Kaiser Friedrichs II., so drängt sich schnell das Wort «Tyrann» auf. Dieses Etikett klebte bereits zu Lebzeiten an ihm, obwohl man im Mittelalter etwas anderes darunter verstand als in der Antike. Schon für den Chronisten Matthaeus Paris hat sich Friedrich mit der Ablehnung der Unterwerfung Mailands 1238 zu einem *tirannus inexorabilis*, einem «unerbittlichen Tyrannen», gewandelt. Auch die Grausamkeit, mit der Friedrich im Jahr 1247 Parma belagerte und von dort stammende Gefangene behandelte, war für den Chronisten eine *crudelitas tirannica*, eine «tyrannenhafte Grausamkeit». Jeden Morgen ließ Friedrich dem Chronisten zufolge drei oder vier Gefangene köpfen – zum Entsetzen der zuschauenden Einwohner.

Doch der Begriff des Tyrannen verschleiert ein strukturelles Problem der Herrschaft Kaiser Friedrichs. Es bestand darin, dass sich ein autoritäres Handeln des Herrschers in seinem Südreich und ein konsensuales System der Entscheidungsfindung mit anderen Machtteilhabern, wie es nördlich der Alpen gehandhabt wurde, ausschlossen. Viele der abscheulichen Grausamkeiten hatten im *rigor iustitiae* ihren Ursprung. Geblendet, verstümmelt, ertränkt, verbrannt, enthauptet – so haben viele Verschwörer gegen Friedrichs Herrschaft ihr Ende gefunden. Das Stöhnen der von Friedrich Bestraften hallte jedenfalls lange in den Erinnerungen der folgenden Jahrhunderte nach. Als Dante mit Vergil die Hölle durchmaß, begegneten ihnen auch Sträflinge in Bleikutten, «so schwer zu tragen / Wie Friedrichs des Zweiten Folterkleider.» Der Dichter verarbeitete hier die zu seiner Zeit noch umlaufenden Gerüchte, nach denen Kaiser

Friedrich Hochverrätern und Majestätsverbrechern bleierne Gewänder anlegen ließ und sie dann verbrannte.

Das Heer des Kaisers

Mittelalterliche Herrscher führten in der Regel ihre Heere im Kriegsfalle selbst an, leiteten Belagerungen und kümmerten sich überhaupt um ihre Streitkräfte. Das war auch bei Kaiser Friedrich II. nicht anders. Gelegenheiten, als Kriegsherr aufzutreten, gab es für ihn reichlich. Volle anderthalb Jahrzehnte Dauerkrieg in der Lombardei von 1236 bis zu seinem Tode 1250 – immerhin die Hälfte seiner Regierungszeit als Kaiser –, die Heerzüge zu Beginn seiner Herrschaft in Deutschland, die Belagerungen von Burgen widerspenstiger Barone in Süditalien, die Feldzüge gegen die Moslems auf der Insel Sizilien, der Kampf um Zypern: Das kaiserliche Schwert blieb selten ungezückt. Eigentlich war der Krieg der Normalzustand, der Friede die Ausnahme. Der Krieg bestimmte letztlich die Struktur des Staates, der Verwaltung und der Wirtschaft. Finanziert wurden die Kriege durch die kaiserliche Kasse, die in erster Linie eine Kriegskasse war. Durch die eigenen imperialen Ziele im Heiligen Reich, die Bedrohung durch die Päpste und die oberitalienischen Städte sowie das Kriegstheater in Übersee befand sich das Herrschaftsgebiet Friedrichs zur Mobilisierung von militärischen Kräften in ununterbrochener Anspannung.

Friedrichs militärische Macht ruhte auf drei Säulen: dem Heer, den Burgen und der Flotte. Die Landtruppen des Mittelalters bildeten noch keine stehenden Heere, wie sie erst die Frühe Neuzeit hervorbringen sollte. Wie bei den anderen Herrschern in Europa, so kam auch Friedrichs Heer nur im Bedarfsfall zusammen. Anders verhielt es sich mit den Dienstmannen in den Kastellen, die ständig in der kaiserlichen Pflicht standen. Das Heer setzte sich aus Bewaffneten zusammen, die aus verschiedenen rechtlichen Bindungen und Pflichten für den Kaiser kämpften. Den Kern des Heeres des Königreichs Sizilien bildete das Aufgebot an Rittern, den *milites*. Sie konnten sowohl aus Lehensverpflichtungen zur Heeresfolge herangezogen werden als auch für Geld Kriegsdienst leisten. Gemäß den alten normannischen Vorstellungen war der Inhaber eines Lehens innerhalb des Königreiches für vierzig Tage im Jahr zur Heeresfolge verpflichtet. Die ökonomische Leistungsfähigkeit der Lehen bestimmte die Anzahl der Kämpfer. Jeweils zwanzig Unzen Gold an Jahresertrag verpflichteten den Lehensinhaber zur Entsendung von einem Ritter mit zwei Kriegsknechten. Die Heeresfolge durfte jedoch bei Minderjährigkeit oder Krankheit eines Lehensträgers durch Geldzahlungen, eine Art Wehrsteuer, die *adohamentum* hieß, abgelöst werden. Die Nichtbeachtung der Gestellungspflicht zum Kriegsdienst konnte den Entzug des Lehens zur Folge haben. Der Kreuzzug mit seinen langen Reisezeiten erforderte eine andere Lösung. Für die Orientexpedition hatte Friedrich von allen Lehensträgern verlangt, dass von jeweils zehn Ritterlehen ein vollständig ausgerüsteter Ritter für ein ganzes Jahr gestellt werden sollte.

Was Friedrich aus dem Königreich Sizilien an Streitmacht aufbieten konnte, lässt sich leider nicht flächendeckend bestimmen. Ein sogenannter *Catalogus baronum* für den Dukat Apulien und das Fürstentum Capua, der die Ritter und die mit ihnen zu stellenden Fußknechte, die *servientes* oder auch *pedites*, auflistet, verzerrt den Eindruck. Dieses Dokument zählt für diese Gebiete rund eintausendvierhundert Lehensträger auf. Das ist jedoch eine theoretische Größe. Wären nämlich alle Inhaber eines Lehens gemäß dieser Aufstellung zum Kriegsdienst erschienen, dann hätte sich ein Heer von achttausend Rittern und elftausend Kriegsknechten versammeln müssen – eine für damalige Verhältnisse ungewöhnlich große Macht. Und die Lehensträger der nicht genannten Gebiete, wie etwa der Insel Sizilien, wären noch hinzuzurechnen. Tatsächlich standen dem Kaiser jedoch viel weniger Kämpfer zur Verfügung.

Dem aus den Vasallen bestehenden Lehensaufgebot traten zunehmend Krieger zur Seite, die für Geld kämpften. Die Grenzen waren zunächst fließend. Es konnte vorkommen, dass ein und derselbe Ritter zunächst als Vasall seiner Lehenspflicht nachkam, nach Ablauf der Zeit aber weiter als bezahlter Krieger dem Kaiser diente. Der Griff zum Schwert konnte im Königreich Sizilien aus der Pflicht als Vasall erwachsen, in Oberitalien jedoch, also außerhalb des Heeresfolgegebietes, gegen Geld. In ähnlichen Verhältnissen, nur geographisch vertauscht, kämpften auch deutsche Ritter, die im Norden ihren Lehenspflichten nachkamen, im Süden für Sold.

Neben den bezahlten Rittern existierte noch eine weitere Gruppe von Kämpfern, die für ihre Kriegsdienste entlohnt wurden, die aber nicht aus ritterlichem, sondern aus dem städtischen und bäuerlichen Umfeld rekrutiert wurden. Diese Krieger dienten meistens als Fußvolk, das mit Spießen kämpfte. Unter ihnen gab es aber auch Spezialisten, die Langbögen und Armbrüste bedienten oder sich mit größeren Schleudermaschinen auskannten. In Friedrichs Heer kämpften zudem noch Sarazenen. Diese muslimischen Krieger wurden in den Siedlungen rings um Lucera ausgehoben und dienten hauptsächlich als Bogenschützen. Auch sie wurden entlohnt. Da ein Teil der Kämpfer vor allem gegen Ende von Friedrichs Herrschaftszeit nicht mehr einzeln angeworben wurde, sondern von speziell dazu Beauftragten, die als Kommandeure für den Kaiser die Streiter führten, haben wir hier schon die Vorboten von eigenverantwortlich wirtschaftenden Truppenführern vor uns. Doch richtige Söldner, die sich als Militärspezialisten frei von irgendwelchen Bindungen einem beliebigen Kriegsherrn andienen konnten, waren die Ritter Friedrichs nicht. Sie blieben seine Untertanen, unterlagen der sizilischen Gesetzgebung und konnten nicht, wenn etwa der König von England besser zahlte, einfach in dessen Dienste treten. Es bestand also noch ein großer Unterschied zwischen Friedrichs bezahltem Ritteraufgebot und jenem Söldnertum, das in den folgenden Jahrhunderten berühmt-berüchtigte Kompanien hervorbringen sollte, vor deren Bindungs- und Zügellosigkeit sich selbst ihre Auftraggeber fürchteten.

Sieg und Niederlage im Kampf um Italien, 1237–1248

Die Städte in Reichsitalien, dem Gebiet, das man als Lombardei im weiteren Sinne versteht, nahmen zwischen dem 11. und 13. Jahrhundert einen enormen wirtschaftlichen Aufschwung, der mit einer immer größeren politischen Unabhängigkeit einherging. In einem längeren Ablösungsprozess gelang es vielen oberitalienischen Städten, sich aus der Abhängigkeit und Stadtherrschaft ihrer Bischöfe zu befreien. Sie begannen, verschiedene Arten kommunaler Selbstverwaltungen zu etablieren und auch das Umland in ihren Herrschaftsbereich einzubeziehen. Obwohl sie ein Teil des Imperiums blieben, konnten sie bereits gegenüber Kaiser Friedrich I. Barbarossa und Kaiser Heinrich VI. eine wachsende Unabhängigkeit erlangen.

Oft waren die Städte jedoch untereinander zerstritten und kämpften um ökonomische und politische Hegemonien in ihrem Umfeld. Manche Kommunen gingen dabei Bündnisse mit den Päpsten gegen die Kaiser ein oder schlugen sich umgekehrt mit den Kaisern gegen die Päpste. Selbst lange als «kaisertreu» geltende Städte wie Cremona stritten nur deshalb auf der kaiserlichen Seite, weil sie sich davon größere Vorteile erhofften. Es gab also nicht jene in Büchern oder Filmen oft schwarz-weiß getuschten Frontstellungen des Kaisers auf der einen Seite gegen die um ihre Freiheit kämpfenden Städte auf der anderen Seite. Bei Friedensschlüssen zum Beispiel hatte der Kaiser immer auf seine städtischen Bündnispartner zu achten. Und nicht selten waren sie es, die einen Ausgleich oder Frieden verhinderten, indem sie den Herrscher mit ihren eigenen Forderungen unter Druck setzten. Mit wachsender Unabhängigkeit beanspruchten die Kommunen zunehmend auch die Ausübung ehemals königlicher Rechte, der Regalien. Seit dem 12. Jahrhundert stellte sich daher so etwas wie ein Konfliktautomatismus ein: Wollte ein Kaiser traditionelle Herrschaftsrechte des Reiches in Anspruch nehmen oder sogar intensivieren, führte das zwangsläufig zum Zusammenstoß mit den Kommunen Oberitaliens, allen voran Mailand.

Im Verlauf des ersten Drittels des 13. Jahrhunderts kamen für die oligarchischen Geschlechter, die um die Macht in ihren Kommunen und die jeweiligen politischen Interessen rangen, Parteinamen auf. Als «Ghibellinen» wurden die «Leute des Waiblingers» bezeichnet, weil man den Stauferfererben Friedrich II. als Waiblinger ansah. «Guelfen» hingegen nannte man in Anlehnung an die Welfen deren Gegner. Doch waren diese Namen keine Parteibezeichnungen im heutigen Sinne einer politischen Programmatik, sondern eher verschwommene Etiketten, die auf den spezifischen Gruppierungen der jeweiligen Kommunen klebten.

Die ökonomische Kraft der oberitalienischen Kommunen war gewaltig. Dank der großen materiellen Ressourcen konnten sie ständig neue Truppen anwerben und auch lange Konfliktphasen mühelos durchstehen. Das sollte Friedrich bald zu spüren bekommen. Die in einem Bündnis vereinten kaiserfeindlichen oberitalienischen Städte, neben Mailand unter anderem Piacenza, Vercelli, Como, Novara, Lodi, Alessandria und Crema, widersetzten sich 1226 dem Kaiser, indem sie die Pässe und Straßen sperrten, die Friedrich mit einem großen Heer zu einem Kreuzzug durchqueren wollte. Das war Anlass zu heftigen und lang andauernden Spannungen. Friedrich forderte die Mitglieder des Lombardenbundes auf, ihr Bündnis aufzulösen, die kaiserlichen Rechte anzuerkennen und selbst Truppen für das Heilige Land zu stellen. Als sich die lombardischen Städte weigerten, erklärte der Kaiser 1236 den Reichskrieg gegen sie. Der Bund stellte daraufhin ein Heer auf, mit dem man zunächst defensiv agierte. Im Frühjahr und Sommer 1237 sammelte Friedrich in Deutschland neue Kämpfer, während sein Schwiegersohn Ezzelino III. da Romano die kaiserlichen Truppen in Italien führte. Von Augsburg aus über den Brenner ziehend erschien der Kaiser Anfang September 1237 wieder in Oberitalien und zog in der Nähe von Verona seine Truppen zusammen. Zu seinem Heer gehörten die Ritter aus dem nordalpinen Reichsteil, die er selbst mitgebracht hatte, Kontingente der kaisertreuen oberitalienischen Städte wie Cremona, Reggio und Parma und der Toskana sowie die von Graf Gebhard von Arnstein geführten Kämpfer aus dem Königreich Sizilien, darunter angeblich mehrere Tausend sarazenische Bogenschützen. Am 1. Oktober schloss zudem die mächtige Stadt Mantua infolge eines innerstädtischen Gesinnungswechsels unter der Führung ihres Stadtherrn einen Friedensvertrag mit dem Kaiser und entsandte sogar eine Abteilung von Rittern und Fußvolk zum Heer des Im-

7 Die Heimat auf Rädern: Kaiser Friedrich II. und sein Gefolge nach der Schlacht bei Cortenuova 1237 mit dem dort erbeuteten Mailänder Carroccio, dem legendären Fahnenwagen. Darstellung in der *Nuova Cronica* des Giovanni Villani.

perators. In dieser Situation kam es am 27. und 28. November 1237 zur Schlacht von Cortenuova, in der die Truppen Kaiser Friedrichs II. überraschend die Streitkräfte des Bundes der lombardischen Städte besiegten.

Bei ihrer übereilten Flucht ließen die mailändischen Truppen nicht nur viel Kriegsgerät zurück, sondern auch ihren legendären Fahnenwagen, den Carroccio. Solche auffällig bemalten, großen und stabilen Wagen dienten in vielen Kommunen Oberitaliens als Sammelpunkt des Heeres. Als Symbole der kommunalen Freiheit und der Siegeszuversicht, gleichsam als Heimat auf Rädern, hing an ihnen die Ehre der Stadt. Friedrich ließ nun diesen symbolisch hoch bedeutsamen Wagen der Mailänder im Triumphzug von einem Elefanten nach Cremona ziehen und später sogar nach Rom bringen, wo man für die Trophäe ein Monument auf dem Kapitol errichtete. Unmittelbar nach der Schlacht verfasste die kaiserliche Kanzlei eine Reihe von Schreiben, um dem gesamten Erdkreis den Sieg zu verkünden. In dem Bericht an seine Heiligkeit in Rom heißt es: Da «man Wunden mit Eisen ausschneiden muss, die das Heilmittel der Salben nicht spüren, da wir nicht abwarten wollten, bis die schon oft vernarbte Wunde zu einem Geschwür würde, deshalb haben wir gezwungenermaßen zu den Waffen gegriffen, sind endlich zur Gewalt geschritten, haben unser Schwert geschwungen und den Schlummer des schlafenden Reiches aufgestört.»

Nach diesem Sieg wähnte sich Kaiser Friedrich II. auf dem Höhepunkt seiner Macht. Der Lombardenbund trat bald in Verhandlungen mit dem Kaiser ein. Zwar bot Mailand eine bedingte Unterwerfung an und erklärte sich bereit, Geiseln für die künftige Treue zu stellen, ja sogar einen kaiserlichen Richter zu akzeptieren, doch überschätzte Friedrich seinen Sieg gewaltig. Es mangelte ihm offenbar an Realitätssinn und an der Einsicht, dass es nun an der Zeit war, Frieden zu schließen. Stattdessen wollte er die Mailänder im Staub sehen. All die Demütigungen, die er erlitten hatte, seitdem er als Sechzehnjähriger mit «nassen Hosen» vor den Mailändern fliehen musste, all die Verletzungen der Ehre des Kaisers und des Reiches, wie etwa durch die Sperrung der Alpenpässe für Zuzügler zu Hoftagen aus dem Norden, sollten durch Demutsgesten getilgt werden. Im Siegestaumel schraubte er die Bedingungen in solche Höhen, dass die Verhandlungen schließlich scheiterten und die Mailänder beschlossen, weiterzukämpfen. Zu einer Spaltung des Bundes durch Sondierungen und das Gewähren von speziellen Vergünstigungen für einzelne Kommunen, allen voran Mailand, konnte sich der sonst so verhandlungsgeschickte Friedrich nicht entschließen.

Die Schwierigkeiten nahmen weiter zu. Eine im Frühjahr 1238 begonnene Belagerung Brescias scheiterte und musste im Herbst ergebnislos abgebrochen werden. War die gewaltige Seemacht Genua anfänglich noch um gute Beziehungen zum Imperator bemüht – sie leistete im Sommer 1238 sogar einen Treueid –, so verprellte Friedrich sie kurz darauf vollständig mit unannehmbaren Forderungen. Im Oktober desselben Jahres konnte Papst Gregor IX. nach einem Umsturz in Rom an den Tiber zurückkehren. Die Situation spitzte sich für Friedrich immer weiter zu und führte schließlich zu der am 20. März 1239 erlassenen Bannbulle Gregors IX., mit der der Kaiser exkommuniziert wurde. Die verpasste Einigung mit Mailand erwies sich im Rückblick als Wendepunkt für Friedrichs Herrschaft. Seine Macht begann langsam zu erodieren. Vielleicht war es ein genereller Fehler von ihm, anzunehmen, dass man nur mit «Eisen und nicht mit Salben» dem Geschwür des Aufruhrs zu Leibe rücken könne, wie Friedrich dem Papst nach dem Sieg geschrieben hatte.

Acht Jahre später, im Sommer 1247, befand sich der Kaiser an der Spitze eines Heeres in Richtung Norden nach Lyon, um sich dort mit dem Papst auszusöhnen. Über die piemontesischen Alpen sollte es nach Frankreich gehen, als den Kaiser die Nachricht vom Abfall Parmas erreichte. Friedrich ließ umkehren und machte sich an die Belagerung der Stadt. Um vor Ausfällen der Verteidiger besser geschützt zu sein, befahl er im Herbst 1247 die Errichtung einer hölzernen Lagerstadt oder besser eines gut befestigten Lagers gegenüber den Mauern Parmas. In Erwartung des sicheren Sieges nannte Friedrich diese Anlage «Vittoria». Doch erwies sich das als ein schlechtes Omen. Die Stadt wurde nicht zum Symbol des Sieges, sondern bald zum Inbegriff seiner schwersten Niederlage. Am 18. Februar 1248 eroberten die Parmesen bei einem Ausfall Vittoria und machten viele kaiserliche Kämpfer nieder. Unter den Toten befand sich einer von Friedrichs wichtigsten Helfern, der Großhofrichter Thaddaeus de Suessa. Und es kam noch schlimmer: Der Kaiser verlor den gesamten Staatsschatz, einen Thronsessel, seine Siegel, eine kostbare Krone, alle Vorräte und Waffen sowie seine gesamte Bibliothek, darunter die erwähnte Prachtausgabe eines Jagdtraktats. Friedrich selbst befand sich zum Zeitpunkt des Angriffs auf der Beizjagd und konnte nur mit Mühe nach Cremona entkommen.

Für einen flüchtigen Augenblick hatte der Sieg von Cortenuova ein beeindruckendes Kräftepotential offenbart, das der Kaiser in Italien mobilisieren konnte. Auf längere Sicht allerdings zeigte sich, wie gering die militärischen Mittel Friedrichs eigentlich waren. So konnte er nach Cortenuova weder Mailand belagern noch Brescia einnehmen. Eigentlich reichte seine Kraft zu einer längeren, durchgreifenden Kriegsführung überhaupt nicht aus. Und die Belagerung Parmas zeigt noch deutlicher: Nur eine einzige der festen Städte Oberitaliens – und nicht einmal die größte – konnte dem Herrn großer Königreiche viel Ärger machen. Auch hier war an eine vollständige Einschließung der Stadt angesichts ihrer Größe überhaupt nicht zu denken gewesen. Im Grunde führten nicht Siege oder Niederlagen zu einer Veränderung der politischen Situationen, sondern wechselnde Bündniskonstellationen von Städten und mächtigen Fürsten. Der Parteiwechsel Mantuas zog die Niederlage Mailands nach sich, und das bei Cortenuova noch auf Seiten des Kaisers kämpfende Parma gehörte acht Jahre später zu Friedrichs Gegnern und bereitete ihm seine schwerste militärische Niederlage.

Federico il Navigatore: Die Seeschlacht von Montecristo 1241

Wer ein Reich wie das Königreich Sizilien beherrschen will, das aus einer großen Insel und einer Halbinsel besteht, braucht eine Flotte. Nicht nur die gewaltige Küstenlänge des *regnum Siciliae*, sondern auch die Einbindung in den Wirtschaftsraum des südlichen Mittelmeeres erforderte enorme maritime Kapazitäten. Da das Mittelmeer das vitale Zentrum des antiken und mittelalterlichen Europa war – zumindest so lange, bis sich die Horizonte am Beginn der Frühen Neuzeit zu den Ozeanen ausweiteten –, entwickelten sich dort mächtige Städte mit jahrhundertealten Handelsverbindungen. Sowohl in normannischer Seetradition stehend als auch in Konkurrenz zu den Mächten, die in diesen Gewässern ohnehin schon lange über die effizientesten und größten Flotten verfügten, wie Byzanz oder die Seestädte Genua, Pisa und Venedig, ließen schon Friedrichs Vorgänger beachtliche Mittel in den Aufbau und Unterhalt einer eigenen Seemacht fließen. Nach der Rückkehr des Herrschers in das südliche Regnum gelangte diese normannisch-sizilische Flotte, die in den Zeiten der Wirren während Friedrichs Kindheit stark vernachlässigt worden war, erneut zu einer enormen Stärke. Der Imperator ließ mit seinen Schiffen eine respektable Seeschlacht schlagen und fuhr sogar mehrmals selbst zur See. Über zwanzig

Mal sehen wir den Kaiser an Bord von Galeeren. Meistens waren es kürzere Passagen entlang der italienischen Küste. Längere Seereisen führten Friedrich schon im Jahr 1212 von Palermo nach Rom oder 1228 von Brindisi ins Heilige Land und 1229 wieder zurück. Im Mai 1235 reiste der Imperator zu Schiff von Rimini nach Aquileia, von wo er dann weiter den Landweg nach Norden nahm.

Zu mehreren spektakulären Flottenexpeditionen gab der Kaiser Befehl. Der erste große Einsatz für Friedrichs Flotte erfolgte im Zusammenhang mit den Kreuzzugsplänen, die anfangs gar nicht auf Palästina direkt, sondern auf das ayyubidische Ägypten gerichtet waren. Im April 1221 sandte Friedrich ein Schiffsgeschwader aus, um den Kreuzfahrern dringend notwendige Unterstützung nach Damietta zu bringen, dem im Juli eine zweite Flottille folgte. Auf dem Weg nach Damietta befuhr der kaiserliche Admiral Heinrich Piscator, Graf von Malta, sogar den Nil. Zwei Jahre nach der Ägyptenexpedition steuerte die sizilische Flotte die Insel Djerba im Westen des Golfs von Gabés vor der Küste Tunesiens an, wo man maritime Macht zeigen und nebenbei tüchtige Handwerker für den Einsatz im Königreich Sizilien entführen wollte. Alle Vorgänger Friedrichs II. in der Würde des Imperators mussten, wenn sie auf See handeln wollten, Schiffe von den Seestädten mieten – der Sizilianer besaß selbst welche. Sämtliche Aktionen des Herrschers, die mit dem Kreuzzug zusammenhingen – wie etwa die Handlungsfreiheit für militärische Operationen, die Logistik oder die Möglichkeiten zu Drohgebärden –, bekommen eine andere Gewichtung, wenn man sich einen Punkt vor Augen führt: Friedrichs südliches Reich war eine Seemacht! Bedenkt man die eigenen nautischen Erfahrungen des Kaisers und die Anstrengungen, die er als Herrscher unternahm, um die Flotte seines Reiches zu stärken, und vergleicht man all diese Neigungen und Aktivitäten mit denen seiner eher «wasserscheuen» staufischen Vorfahren, so könnte man in Anlehnung an einen portugiesischen Königssohn von *Federico il Navigatore*, von «Friedrich dem Seefahrer» sprechen.

Die sizilischen Seestreitkräfte befehligte der Kaiser jedoch nicht selbst, sondern ein Admiral mit weitreichenden Vollmachten. Die drei bedeutendsten Männer in diesem Amt waren der schon erwähnte Heinrich Piscator, Graf von Malta, den man in Italien Enrico il Pescatore nannte, Admiral von 1221 bis 1239, Nicolinus Spinola, der von 1239 bis 1241 die Flotte befehligte, und Ansald von Mari, der von 1241 bis 1250 Admiral war und dem von Beginn an sein Sohn Andreolus zur Seite stand. Diese Flottenführer verstanden alle viel von der See, denn sie stammten ohne Ausnahme aus der mächtigen Seerepublik Genua oder hatten dort nautische Erfahrungen gesammelt. Enrico il Pescatore gilt sogar als ein durch offizielle Mission gezähmter Seeräuber. Von Ansald hören wir, dass er 1243 vom Kaiser das Banner des Römischen Reiches erhielt und damit zum «Admiral des heiligen Reiches und des Sizilischen Königreiches» ernannte wurde, also gewissermaßen zum «Reichsadmiral».

Kaiser Friedrichs Flotte bestand aus verschiedenen Schiffstypen für unterschiedliche Verwendungszwecke. Die Schiffe wurden entweder durch Wind- oder Muskelkraft angetrieben oder kombinierten beide Antriebsarten. Man unterschied Langschiffe, die wegen ihrer Schnelligkeit hauptsächlich dem Kampf dienten, wie etwa die Galeere, Taride oder Sagitta, die hauptsächlich mit Riemen angetrieben wurden, von den rundlich-dickbauchigen Schiffen mit Lateinertakelung und dreieckigen Segeln für den Warentransport, wie die vom lateinischen *navis* abgeleitete Nef. Für den Transport von Rittern, also gepanzerten Kriegsmannen mit jeweils einem oder mehreren Pferden, konstruierte man schon vor und dann auch im Zeitalter Friedrichs II. spezielle Schiffe. Wir wissen von etwa dreißig Meter langen Exemplaren, die bauchiger waren als die Galeeren und eine Ladeklappe besaßen. Die großen, *naves usserie* genannten Schiffe konnten rund vierzig Ritter mit ihren Streitrossen und der gesamten Ausrüstung transportieren. Ein älterer, kleinerer Typ eines Pferdetransporters, der wahrscheinlich mit *calandria* oder *salandria* gemeint sein könnte, vermochte nur etwa zwölf Pferde aufzunehmen. Für die gemeinsame Überfahrt von zweitausend berittenen Kriegern brauchte man also die stattliche Anzahl von fünfzig Usserien oder sogar über hundertsechzig Calandrien. Da auch den Pferden die Seefahrt oft nicht besonders gut bekam, versuchte man, sie durch Bauchgurte, in denen sie gleichsam hängend nebeneinander untergebracht wurden, vor dem Rutschen und Stürzen in sturmumtosten Schiffen zu bewahren. Mitunter mussten die Pferde, endlich im Orient angekommen, erst wieder trainiert werden, um überhaupt einsatzfähig zu sein.

Die Angaben über die Größe der sizilianischen Flotte zur Zeit Friedrichs II. schwanken erheblich. Vierzig Galeeren liefen in mehreren Geschwadern im Jahr 1221 mit Kurs Damietta aus. Auch beim Kreuzzug von 1228 und 1229 hören wir von vierzig Galeeren, jedoch jedes Mal leider ohne Angaben über begleitende Transporter. Zeitweise bestand die sizilische Kriegsseemacht aus Expeditionsflotten von sogar sechzig Galeeren, wie die 1242 unter Ansald von Mari nach Pisa entsandte. Eine interessante Quelle hinsichtlich der Anzahl der sizilischen Schiffe und der damit transportierten Kämpfer ist der 1225 zwischen dem Kaiser und dem Papst geschlossene Vertrag von San Germano. Darin verpflichtete sich Friedrich, für den Kreuzzug neben fünfzig Galeeren auch einhundert gut gerüstete *calandre* für zwei Jahre bereitzustellen. Damit sollten zweitausend Ritter mit jeweils drei Pferden in den Orient gelangen können, was mehrmalige Passagen der Schiffe nötig gemacht hätte.

Die Schiffe der sizilischen Flotte legte man in verschiedenen Werften auf Kiel. Die bedeutendsten lagen in Messina, Brindisi, Amalfi, Salerno und Neapel. Das für den Schiffbau benötigte Geld ließ Friedrich in einer besonderen Abgabe, der so genannten *Marinaria*, im gesamten Königreich einziehen. Auch die Beschaffung des für die Flotte notwendigen Bauholzes ließ der Kaiser genau regeln. Für das ebenfalls beim Schiffbau dringend benötigte Pech und Eisen existierte eine Art Staatsmonopol, das einen freien Handel mit diesen Gütern unterband. Navigiert wurden all diese Schiffe zunehmend mit dem Kompass, den man wahrscheinlich bei den Arabern kennengelernt hatte. Zumindest erscheint er in arabischen Beschreibungen aus dem 13. Jahrhundert. Von der Seestadt Amalfi aus, deren Schiffsführer enge Beziehungen nach Syrien und Ägypten unterhielten, hat sich dieses italienisch *bussola* genannte Instrument wohl schon im 12. Jahrhundert im Mittelmeerraum verbreitet. Der Kompass ergänzte das schon seit dem Frühmittelalter verwendete Astrolabium, den «Sternennehmer». Dieses ebenfalls in islamischen Kulturen entwickelte Multifunktionsinstrument diente der Bestimmung von Himmelskörperpositionen, der Zeitmessung sowie der Ermittlung der geographischen Breite.

Im Sommer 1239 braute sich ein schwerer politischer Sturm gegen Friedrich über dem Mittelmeer zusammen. Papst Gregor IX. verbündete sich sowohl mit der ligurischen Seemacht Genua als auch mit dem adriatischen Meereshegemon Venedig, um das sizilische Königreich zu erobern. Fünfzig Galeeren wollte man ausrüsten und reichlich Truppen. Die Schiffe der Verbündeten sollten in diesem Krieg achtern die Banner beider Städte führen. Einen separaten Frieden abzuschließen war keiner Partei erlaubt. Die Kriegsbeute sollte gemäß den aufgewendeten Kosten geteilt werden. Venedig wollte sich Barletta und Salpi an der apulischen Küste als Stützpunkte sichern, Genua träumte von Syracus auf Sizilien.

Anfangs wurde die Adria Kriegsschauplatz, wo Friedrich einen Kaperkrieg gegen Venedig führen ließ. Doch mit dem Wechsel im Admiralat von Nicolinus Spinola zu Ansald von Mari im Jahr 1241 öffnete sich der Vorhang für das Seekriegstheater auf dem Tyrrhenischen Meer. Gemeinsam mit den pisanischen Seestreitkräften ging der Kaiser nun gegen Genua vor. Über die nautischen Begebenheiten in den Gewässern vor der ligurischen Küste und eine Reihe weiterer interessanter Details berichten die *Annales Ianuenses*, die Jahrbücher von Genua, die nicht die Meinung eines einzelnen Chronisten, sondern deutlich das offizielle kommunikative Gedächtnis der Bürger Genuas widerspiegeln. Aus ihnen erfahren wir, dass am 25. April 1241, dem Tag des heiligen Markus, aus dem Hafen von Genua nahezu dreißig gut bewaffnete Galeeren ausliefen, auf denen sich über einhundert Geistliche hauptsächlich aus Frankreich, Spanien und Oberitalien, Erzbischöfe, Bischöfe und Äbte, darunter die von Cluny und Clairvaux, sowie drei päpstliche Kardinallegaten befanden.

Die Genuesen hatten die Kirchenmänner einige Wochen zuvor aus Nizza abgeholt und eine Weile in ihrer Stadt beherbergt. Nun wollte man sie nach Rom geleiten, wohin Papst Gregor IX. schon im Sommer 1240 zu einem großen Konzil zum nächsten Osterfest, das 1241 auf den 31. März fiel, geladen hatte. Die Versammlung der Kirchenfürsten sollte unter anderem die Absetzung des Kaisers beschließen. Jedoch hatte davon auch Friedrich erfahren und verhängte eine Seeblockade, um neben den Landstraßen auch die Wege über das Wasser von Südfrankreich oder Oberitalien unpassierbar zu machen. Die delikate und historisch einzigartige Aufgabe für Friedrichs Flotte bestand darin, ein Konzil in Rom zu vereiteln.

Die vereinigte Flotte aus kaiserlichen und pisanischen Galeeren sowie einigen Sagittien aus Savona bewegte sich im Frühjahr 1241 südlich von Elba und sperrte den Seeweg zwischen der heute aus literarischen Gründen bekannten Insel Montecristo und dem Festland ab. Am Morgen des 3. Mai 1241 sichtete das kaiserlich-pisanische Geschwader im Morgendunst die genuesische Flotte, und der Kampf begann zwischen den Inseln Montecristo und Giglio. Anfangs sah es für die kaiserlichen Galeeren nicht gut aus. Drei von ihnen – offenbar die Vorhut – wurden von den Genuesen geentert oder versenkt. Doch dann wendete sich das Blatt, und die vereinigten pisanisch-sizilischen Streitkräfte eroberten Schiff um Schiff der Genuesen, insgesamt zweiundzwanzig. Drei genuesische Galeeren wurden versenkt. Viele Seeleute und Passagiere ertranken, darunter der Erzbischof von Besançon. Nur fünf Galeeren und einigen anderen Schiffen gelang die Flucht zurück nach Genua. Die Nachricht vom grandiosen Sieg seiner Flotte erreichte den Kaiser in Imola. Hochgestimmt ließ er einen Siegesbrief an den König von England schreiben. Die gefangenen Prälaten schaffte man zunächst nach Pisa, dann weiter in die Burg San Miniato, wo einige Jahre später Petrus de Vinea tragisch zu Tode kommen sollte. Schließlich brachte man sie auf dem Seeweg nach Neapel und verteilte sie von dort auf verschiedene Burgen des Reiches.

Mit diesem Schlag gelang Kaiser Friedrich II. der zweifellos größte Erfolg seiner Herrschaft auf See. Es war eine der größten Seeschlachten, die in der Region bis dahin geschlagen worden waren, und wohl die schwerste Niederlage, die Genua jemals auf offener See hinnehmen musste. Kaiser Friedrich betrachtete seinen Sieg als Gottesurteil. Allerdings erwies sich der große Seetriumph als ein Pyrrhussieg, denn langfristig verschaffte er dem Papst nur weitere Argumente für seine antikaiserliche Polemik. Nach der Schlacht von Montecristo zog sich der Seekrieg noch lange hin. Einer weiteren großen Schlacht, ja einem Entscheidungskampf ging die kaiserliche Flotte künftig aus dem Weg, zumal Genua die Verluste an Schiffen sehr schnell ausgleichen konnte. Einige sehr schneidige Manöver zeigten den Genuesen aber, dass die kaiserlich-sizilische Flotte weiterhin ein ernstzunehmender Gegner war. Ansald von Mari und sein Sohn Andreolus vermochten es in den Jahren 1241, 1243 und 1247 sogar mehrmals, die genuesische Kriegsflotte so weit von der Stadt wegzulocken, dass sie selbst mit kaiserlichen Galeeren ungestört in den Haupthafen von Genua einlaufen und sogar mit Schiffskatapulten Steine auf Häuser der Stadt schleudern konnten. Diese Demütigung einer Seemacht, die eine starke psychologische Wirkung auf die Genuesen gehabt haben dürfte, bezahlte der Kaiser zwar mit dem Ruin der eigenen Kassen, doch seine Strategie schien aufzugehen. Genua konnte die sizilische Flotte nicht aus den Gewässern vor der eigenen Haustür vertreiben und selbst vor der süditalienischen Küste aktiv werden. Der geplante gemeinsame Angriff Genuas und Venedigs auf das Königreich Sizilien ließ sich nicht verwirklichen.

5. Das Scheitern

Bannstrahlen treffen den Kaiser

Im Sommer 1239 wurde an alle Könige, Fürsten und Bischöfe der Christenheit ein in apokalyptischem Grundton gehaltenes Dokument adressiert. Es begann mit den Worten *Ascendit de mari bestia blasphemie plena nominibus* ... «Aus dem Meer steigt die Bestie voller Namen der Lästerung, die mit den Tatzen des Bären und dem Rachen des Löwen wütet und mit den übrigen Gliedern wie ein Leopard ihren Mund zu Lästerungen des göttlichen Namens öffnet, die nicht aufhört, auf Gottes Zelt und die Heiligen, die in den Himmeln wohnen, die gleichen Speere zu schleudern. Mit eisernen Krallen und Zähnen will sie alles zermalmen und mit ihren Füßen die ganze Welt zerstampfen, um die Mauern des katholischen Glaubens zu zerbrechen.» Das Schreiben stammte von Papst Gregor IX. Conti und war Teil eines ausgetüftelten Propagandakampfes. Dieser Schlagabtausch mithilfe von Rundschreiben stellte einen der vielen Nebenkriegsschauplätze in dem gewaltigen Ringen Kaiser Friedrichs II. mit den Päpsten seiner Zeit dar, das die letzte große Auseinandersetzung zweier universaler Mächte war.

Für kurze Zeit schienen die Päpste mit der Implosion der imperialen Ordnungsvorstellungen des staufischen Kaisertums, wie sie sich nach dem Tode Friedrichs 1250 in aller Deutlichkeit zeigte, sogar Sieger zu sein. Ja, das Papsttum artikulierte nach Friedrichs Tod immer wilder seine universalen Ansprüche. Doch am Beginn des 14. Jahrhunderts wurde plötzlich klar, dass auch das Papsttum nicht dauerhaft gesiegt hatte, als mit einem halben Jahrhundert Verzögerung auch seine Weltherrschaftspläne an einem neuen Typ von säkularen Machthabern nationaleren Zuschnitts scheiterten.

Die wirksamste Waffe des Papstes gegen seinen kaiserlichen Widersacher war der Bann. Friedrich II. war viele Jahre lang ein exkommunizierter und damit aus der Gemeinschaft der Christenheit ausgeschlossener Herrscher. Wie Zeusblitze hatte Papst Gregor IX. zweimal Bannstrahlen auf den Kaiser geschleudert. Zum ersten Mal traf ihn der Bann am 29. September 1227 wegen des so oft verschobenen Aufbruchs zum Kreuzzug – zumindest war dies der Vorwand. Von diesem Bann konnte sich Friedrich jedoch wieder lösen.

Die zweite Exkommunikation im Jahr 1239 war viel folgenreicher. Als Anlass dienten konkurrierende Herrschaftsansprüche auf Sardinien. Friedrichs Sohn Enzio, der aus seiner Beziehung zu Adelheid von Urslingen stammte, nahm von seinem Vater Teile der Insel zu Lehen und nannte sich fortan König von

Sardinien. Schon Zeitgenossen wie dem englischen Mönch und Chronisten Matthaeus Paris war klar, dass sich an diesem Fall ein Grundsatzstreit entzünden konnte, weil er die prinzipielle Frage aufwarf, ob der Kaiser oder der Papst oberster Lehnsherr in Italien war.

Nachdem sich der Konflikt zwischen Kaiser und Papst in den ersten beiden Monaten des Jahres 1239 schnell verschärft hatte, setzte ein verbissener Kampf der Kanzleien und Stilisten ein, wie er zwischen ihnen bis dahin noch nicht vorgekommen war. In diesen Auseinandersetzungen haben propagandistische Kundgebungen und Rundschreiben eine zentrale Rolle gespielt. Der Schlagabtausch der in der mittelalterlichen *ars dictaminis* – der Kunst des Wortsetzens, einer schon um 1100 in Italien entstandenen Gelehrtendisziplin – geschulten Kanzleien entwickelte sich zu einer regelrechten Schlacht der Federn. Dabei bemühte man eine komplizierte Syntax, gekünstelt wirkende grammatische Konstruktionen und rhetorische Figuren, schwülstige Wortspiele und häufige Anspielungen auf die Vulgata, die lateinische Bibel. Die einflussreichsten Stilisten am päpstlichen Hof waren Thomas von Capua und Rainer von Viterbo. Friedrich hingegen konnte auf die Künste des Petrus de Vinea vertrauen, dessen ungefähr fünfhundertfünfzig Briefe, die er für den Kaiser verfasste oder die man ihm zuschreibt, in heute fast zweihundertfünfzig Abschriften überliefert sind.

Schließlich war es so weit: Am 20. März 1239, dem Palmsonntag, exkommunizierte der Papst vor zahlreichen Kardinälen «voll glühenden Zornes feierlich den Kaiser Friedrich und überantwortete ihn, als ob er ihn bereits von der Höhe des Kaisertums herabgestürzt hätte, zu seinem Verderben den schrecklichen Händen des Satans», wie Matthaeus Paris notierte. Mit der Exkommunikationsbulle und der kurz darauf hinterhergeschleuderten Rechtfertigungsschrift des Papstes nahm die Schärfe des Tones noch einmal zu. Je länger der Kampf dauerte, desto polemischer und unsachlicher wurden die Argumente, sodass politische Kompromisse unmöglich wurden. Die Frage etwa, ob die Kirche nach den Geboten Christi handele oder nicht, ob der Papst ein Skorpion oder der Kaiser ein Drache sei, wäre ja nicht ernsthaft vertraglich zu regeln gewesen. Der Streit gipfelte in der Behauptung, Friedrich sei der Vorläufer des Antichrist, ja der Antichrist selbst.

Mögen Federkiele auch mitunter schärfer als Klingen sein, wenn genug Worte gewechselt sind, müssen doch die Waffen sprechen. Am 16. Februar 1240 rückte der Kaiser in Tuscien ein, wo sich ihm viele Städte ergaben. Für die Provinz wurde Rainald von Aquaviva als Reichskapitän eingesetzt. Der 22. August 1241 schien schließlich eine unerwartete Lösung der verfahrenen Situation zu bringen: Papst Gregor IX. Conti starb in hohem Alter. Unmittelbar danach traten die in Rom anwesenden Kardinäle zu Beratungen über die Nachfolge zusammen. Nach vielen Sitzungen einigte man sich am 25. Oktober 1241 auf den greisen Kardinal Goffredo Castiglione. Seine Wahl zum Papst erfolgte auf Betreiben derjenigen Kardinäle, die auf eine Versöhnung der Kirche mit Kaiser Friedrich II. hinwirkten. Der neue Papst wollte Coelestin IV., «der Himmlische», heißen. Er starb jedoch, noch bevor er die Weihe empfangen konnte, nach siebzehn Tagen am 10. November 1241. Es war der zweitkürzeste Pontifikat der Papstgeschichte. Damit rückte auch die Hoffnung auf einen Kompromiss zwischen dem Kaiser und dem Stellvertreter Christi wieder in weite Ferne. Für ganze zwei Jahre blieb der Stuhl Petri nun unbesetzt. Mit der Wahl von Sinibaldo Fieschi dei Conti di Lavagna, der als Pontifex den Namen Innozenz IV. (1243–1254) annahm, endete die Zeit der Entspannung zwischen Reich und Kurie. Die kurze Zeit später beginnenden Verhandlungen zeigten, dass weder Friedrich II. sich den Forderungen des Papstes unterwerfen noch der Papst den Wünschen des Kaisers auch nur um ein Jota entgegenkommen wollte.

Friedrichs Absetzung 1245 in Lyon

Für das Jahr 1245 ließ der Papst ein Konzil nach Lyon einberufen, das am 28. Juni begann. Die Ewige Stadt schien dem Papst zu gefährlich für eine solche Versammlung zu sein, und so war er schon ein Jahr zuvor aus Rom geflohen und nach Lyon ausgewichen. Rechtlich befand sich Lyon zwar noch auf dem Boden des Imperium Romanum, doch faktisch lag es im Einflussbereich des französischen Königs. In Lyon versammelten sich rund hundertfünfzig Kirchenvertreter hauptsächlich aus Spanien, Frankreich und England. Deutschland und Italien blieben dagegen erstaunlich unterrepräsentiert. Sicherlich hatte der Kaiser dabei seine Finger im Spiel, denn ein Konzil hätte Friedrich sicher weiter gern verhindert.

Obwohl auch Fragen zur Reform der Kirche, der Situation im Heiligen Land und der Tatarengefahr beraten werden sollten, stand in Lyon sehr schnell die Absetzung Friedrichs von allen Herrscherämtern im Mittelpunkt. Thaddaeus de Suessa, der langjährige Vertraute des Kaisers, vertrat Friedrich auf dem Konzil. Auf das von ihm unterbreitete Friedensangebot reagierte Innozenz ablehnend, da Friedrich nicht gegen einzelne Päpste, sondern gegen die ganze heilige Kirche kämpfe. Das war ziemlich raffiniert an den Ursachen vorbei argumentiert, denn der seit Jahrzehnten schwelende Konflikt beruhte auf den gegensätzlichen imperialen Vorstellungen der beiden Universalmächte. Am 17. Juli trafen sich die Konzilsteilnehmer zu einer Schlussversammlung. Innozenz verkündete hier die Absetzung des Kaisers, und nach Verlesung der Absetzungsbulle, die alle Anklagepunkte noch einmal auflistete, schloss er das Konzil. Der Papst untersagte allen Untertanen, Friedrich weiter als König und Kaiser anzusehen, und rief die zur Wahl Berechtigten auf, einen Nachfolger im Reich zu wählen. Über Sizilien wolle der Pontifex selbst entscheiden.

In den Monaten nach dem konziliar verzierten Schauprozess von Lyon reisten viele Boten beider Mächte durch Europa, um durch Briefe die Entscheidungen bekannt zu machen oder dagegen zu argumentieren. Bettelmönche schwärmten aus, um in Predigten antikaiserliche «Aufklärungsarbeit» zu leisten. Einer der fanatischsten Gegner Friedrichs II. war Albert Behaim (um 1190/1195 – um 1260), der als Handlanger des Papstes innerhalb kürzester Zeit viele Exkommunikationen über Anhänger des Kaisers verhängte. Erneut setzten die Stilisten beider Seiten alles daran, mit ausgetüftelten Schreiben die öffentliche Meinung für sich zu gewinnen. Wohl unter maßgeblichem Einsatz von Rainer von Viterbo entstand das berüchtigte Pamphlet mit den Anfangsworten *Eger cui lenia,* «Der Kranke, dem leichte Medikamente nicht helfen». Dass man mit dem Kranken Friedrich meinte, bei dem eine sanfte Medikation wirkungslos zu sein schien und dem man daher eine Rosskur verabreichen müsse, dürfte nicht verwundern. Und das Gift der Absetzungspropaganda wirkte zwar langsam, aber stetig. Viele Vikare Oberitaliens wurden nach dem Absetzungskonzil in ihren Haltungen schwankend. Im Jahr 1246 gab es sogar einen Plan für einen Mordanschlag auf den Kaiser, der zu einem Umsturz führen sollte und in den mächtige Höflinge verwickelt waren. Als Anführer des Komplotts fungierte Tebaldus Franciscus, kaiserlicher Podestà von Parma, der Drahtzieher war jedoch Papst Innozenz IV. Fieschi. Der Plan wurde verraten, und der Kaiser ließ die Beteiligten grausam hinrichten.

Einen zentralen Schachzug im Kampf gegen Friedrich sah der Papst darin, für das Imperium einen neuen Herrscher zu finden. Innozenz versuchte daher, den französischen Königshof für den Gedanken zu erwärmen, den Lieblingsbruder König Ludwigs IX., Graf Robert von Artois, im Reich oder wenigstens im Königreich Sizilien als neuen Herrscher einzusetzen. Doch der französische König hielt an den seit langer Zeit bestehenden guten Beziehungen zum Kaiser fest und lehnte ab. Doch was im Sommer 1229, als Papst Gregor IX. ein Gegenkönigtum etablieren wollte, durch beherzte Militärschläge des jungen Königs Heinrich VII. noch verhindert werden konnte, trat nun ein. In Deutschland fand sich mit Unterstützung eines päpstlichen Legaten ein Überraschungskandidat für ein Königtum gegen Kaiser Friedrich II. und dessen Sohn Konrad IV.: Der zweiundvierzigjährige Heinrich Raspe, seit 1227 Landgraf von Thüringen, der schon vor der Absetzung Friedrichs 1245 die Seiten gewechselt hatte, willigte im März des Jahres 1246 in eine Thronkandidatur ein.

Auf Drängen des Papstes und mit Unterstützung des Erzbischofs von Mainz, Siegfried III. von Eppstein, und des Erzbischofs von Köln, Konrad I. von Hochstaden, wurde Heinrich Raspe am 22. Mai 1246 von einem kleinen Teil der deutschen

Fürsten zum König gewählt. Wegen dieser klerikalen Wahlhilfe und darüber hinausgehender Zuwendungen Roms erhielt er schon bald den Beinamen *rex clericorum*, «Pfaffenkönig». Seine Wahl, die ohne Teilnahme eines einzigen weltlichen Fürsten erfolgte, ging als «Pfaffenwahl» in die Geschichte ein.

Das Königtum Heinrichs stand unter keinem guten Stern. Konrad IV. weigerte sich, auf den Titel des Königs zu verzichten. Im August 1246 besiegte Heinrich Raspe zwar seinen früheren Schützling in einer Schlacht, doch war damit der Widerstand gegen ihn nicht aus der Welt; ganz im Gegenteil. Anfang 1247 musste König Heinrich Ulm und Reutlingen belagern. Als er bei einem Scharmützel vor Reutlingen verletzt wurde, gab er seine Kriegspläne auf und zog sich auf die Wartburg zurück, wo er am 16. Februar 1247 starb. Sein Königtum hatte nicht einmal neun Monate gedauert.

Das Königsintermezzo des Thüringers war dem Kaiser nicht wirklich gefährlich geworden. Gefährlich wurde aber etwas Anderes und Neuartiges: In dem großen Ringen zwischen Papst und Kaiser ließ Innozenz gegen den von ihm abgesetzten Herrscher auch das Kreuz predigen. Wer gegen Friedrich kämpfte oder den Kampf gegen ihn mit seinem Vermögen unterstützte, erhielt die gleichen Ablässe und Privilegien wie ein Kreuzfahrer, der ins Heilige Land aufbrach. Verschwörer gegen den Tyrannen wurden dadurch zu *milites Christi*, zu Streitern für die Sache Gottes. Friedrich stand nun als Hauptfeind der Kirche auf derselben Stufe wie ein Sarazenenfürst, der die Mauern von Jerusalem oder Akkon berannte. Der Kreuzzugsaufruf gegen Friedrich ist schon deshalb bemerkenswert, weil 1244 Jerusalem von Moslems erobert worden war, sich König Ludwig IX. auf eine Orientexpedition vorbereitete und eine Zersplitterung von Kreuzzugsenergien eigentlich nicht im Interesse des Papstes liegen konnte.

Auch nach Heinrich Raspes Tod gab die antikaiserliche Partei nicht auf und betrieb die Wahl eines neuen Gegenkönigs. Diesmal erkor man am 3. Oktober 1247 den neunzehnjährigen Wilhelm II., Graf von Holland (1228–1256), zum römisch-deutschen König. Erneut wählte nur ein kleinerer Kreis von Fürsten den neuen Herrscher. Über ein Jahr später, am 1. November 1248, wurde er vom Kölner Erzbischof gekrönt. Ein friesisches Aufgebot von Kreuzzugsteilnehmern, das eigentlich den französischen König Ludwig IX. ins Heilige Land begleiten sollte, wurde vom Papst für seinen Königskandidaten Wilhelm als Hilfstruppe abgeworben. Nur mit deren Unterstützung und nach langwieriger Belagerung gelang überhaupt die Eroberung der Krönungsstadt Aachen. Da die meisten Fürsten weiter zu Kaiser Friedrich II. hielten, musste der neue König Wilhelm unverrichteter Dinge nach Holland zurückkehren. Erst nachdem Friedrich II. 1250 gestorben und sein Sohn Konrad wenig später nach Italien gezogen war, um dieses Erbe für sich zu retten, gewann Wilhelm durch Gnadenbezeigungen und Belehnungen in Deutschland einigen Anhang. Nach dem Tod König Konrads IV. 1254 gelang ihm sogar eine allgemeinere Anerkennung als Herrscher. Doch schon 1256 starb König Wilhelm auf einem Kriegszug nach Friesland.

Am Ende der 1240er Jahre zeigte sich deutlich eine fortschreitende Erosion von Friedrichs Herrschaft. Aus Hofkreisen heraus gab es 1249 erneut eine Verschwörung. Ausgerechnet der Leibarzt des Kaisers verübte einen Giftanschlag auf ihn, der allerdings scheiterte. Alle, die damit irgendwie in Verbindung stehen konnten, ließ Friedrich hinrichten. Vielleicht gehört auch der tragische Fall des Petrus de Vinea in diesen Zusammenhang. Der am Hof so einflussreiche Mann, der seit Jahrzehnten dem Kaiser gedient hatte und der seit 1243 die Würde eines *imperialis aule protonotarius et regne Sicilie logotheta,* einer Art Kanzleichef, bekleidete, wurde 1249 überraschend auf Geheiß des Herrschers verhaftet, gefoltert und geblendet. Er starb schließlich im Kerker der Burg San Miniato in der Toskana.

Der Tod des Kaisers und sein Sarkophag in Palermo

Am 13. Dezember 1250 erlosch für die Zeitgenossen unerwartet das Leben Kaiser Friedrichs II. wenige Tage vor der Vollendung seines sechsundfünfzigsten Lebensjahres in der heute nicht mehr existierenden Stadt Fiorentino. Nur spärliche Reste zeugen noch von der etwa zwanzig Kilometer von Lucera entfernten Siedlung. Hier stand einst die kaiserliche *domus,* ein kleines Kastell, das man sich wohl eher als ein zweigeschossiges festes Haus vorzustellen hat. Nach einem Jagdausflug suchte der Kaiser, vielleicht von Todesahnungen erfüllt, den Ort auf. Umgeben von nur wenigen Personen, die ihm nahestanden, darunter sein Sohn Manfred, der Leibarzt Johann von Procida, der Großhofjustitiar Richard von Montenigro und der Anführer der deutschen Truppen, Berthold von Hohenburg, schied er dahin. Die Todesursache ist völlig unklar, man mag bei dem unerwarteten Ableben an eine Infektion denken, etwa Typhus, Ruhr, Malaria oder eine Blutvergiftung.

Über die Todesumstände berichten die Chronisten allerdings ganz widersprüchliche Dinge. Das lag jedoch nicht an unterschiedlichen Quellen, die ihnen zur Verfügung standen, sondern daran, dass aus dem Leben eines Menschen auf sein Sterben geschlossen wurde: Schlechte Menschen sterben schlecht, gute eben gut. Kaum etwas wurde im Mittelalter mehr gefürchtet als die *mors peccatorum pessima*, der schlechte Tod der Sünder, die ohne letzte Ölung, ohne Segen, ohne Vergebung der Sünden verscheiden. So nimmt es nicht Wunder, dass in einer ganzen Reihe von Chroniken Friedrich das Paradebeispiel für das schlechte Sterben eines grauenerregenden Tyrannen abgab. In kräftigen Farben schilderte Salimbene de Adam das kaiserliche Sterben und bediente sich dabei eines literarischen Vorbildes. Er hielt fest, dass der Leichnam des «größten aller Kirchenverfolger» wegen seines furchtbaren Gestanks nicht nach Palermo überführt werden konnte. Gestank war für Salimbenes Zeitgenossen von höherer Zeichenhaftigkeit, da man im Mittelalter zu wissen glaubte, dass von Heiligen besonders wohlriechende Düfte ausgehen, während verworfenen Sündern quälende olfaktorische Belästigungen entströmten.

Nicolaus von Calvi (gest. 1273) schilderte in seiner lobpreisenden Lebensbeschreibung von Papst Innozenz IV., der sogenannten *Vita Innocentii*, dass das Hinscheiden Friedrichs als ein zeichenhaftes Verrecken eines Kirchenverfolgers von schweren Durchfällen, Zähneknirschen mit Schaum vor dem Mund und gewaltigen Schreien des Exkommunizierten begleitet war. Johannes von Winterthur (gest. 1349) meinte, der Kaiser sei an Gift gestorben. Von Anderen habe er aber gehört, der Kaiser habe Europa verlassen und sich mit seinen vertrauten Bediensteten lange vor seinem Tod über das Meer in die entferntesten Teile der Erde begeben. Und Giovanni Villani, der bedeutende Florentiner Stadtchronist, ließ Kaiser Friedrich im Bett von der Hand seines «Bastardsohnes» Manfred, der begierig nach des Vaters Schatz und Herrschaft gestrebt habe, ersticken.

Ganz anders berichtete dagegen der englische Benediktiner Matthaeus Paris in seiner *Chronica Maiora*. Friedrich starb demnach «losgesprochen von dem Urteil, das ihn fesselte» – also dem der Exkommunikation –, «nachdem er, wie man sagt, das Ordensgewand der Zisterzienser angelegt hatte, in wunderbarer Weise und voll Demut». Von Matthaeus Paris stammt auch die vielzitierte Einschätzung Friedrichs II. als *stupor quoque mundi et immutator mirabilis*, als «Staunen der Welt und deren wunderbarer Verwandler». Für ihn war mit Friedrich «der größte unter den Fürsten der Erde» dahingegangen. «Staunen der Welt» meinte im mittelalterlichen Verständnis zudem eine erhebliche Furcht, die der *stupor mundi* verbreitete. Auch der englische König Richard I. Löwenherz (1189–1199) und Papst Gregor IX. Conti (1227–1241) wurden von mittelalterlichen Autoren so bezeichnet, aber in den Erinnerungen haftet diese Bezeichnung bis heute nur an Friedrich.

Und was dachte man am Kaiserhof über den Tod des Herrschers? Petrus de Prece und Nikolaus von Bari hoben den toten Imperator in stilisierten Briefen auf die Stufe Alexanders des Großen, Caesars und des Hauses David. Friedrich, der «Adler», lebe in seinen Jungen weiter. Manfred schrieb seinem Halbbruder Konrad nach Deutschland: «Die Sonne der Völker, die Leuchte der Gerechtigkeit ist untergegangen, untergegangen der Hort des Friedens! Ein reicher Trost aber ist uns geblieben: Glücklich und siegreich lebte unser Herr Vater bis an sein Ende.»

Mitte Januar 1251 wurde Friedrichs Leiche nach Messina auf Sizilien und dann weiter nach Palermo überführt. Dort fand am

25. Februar 1251 eine prachtvolle Bestattungszeremonie für den toten Imperator statt. Sein Leichnam wurde in der Hauptkirche Palermos neben seinen dort bereits ruhenden Eltern ehrenvoll zur letzten Ruhe gebettet. Nach vielen Jahren der Treue vollendete Erzbischof Berard von Palermo damit seinen Dienst am Kaiser. Der Sarg, in den man den Kaiser bettete, gehört zu einer Gruppe von Sarkophagen, die antiken Prunkmulden nachempfunden sind, und besteht aus kostbarem rotem Porphyr. Dieser erlesene Prunkstein wurde seit den Zeiten der ptolemäischen Pharaonen in Orient und Okzident für Sarkophage verwendet. Römische Imperatoren und byzantinische Kaiser wurden in Porphyr bestattet. Die Päpste adaptierten im Sinne einer Imperatorenimitation diese Tradition, mit der über Jahrhunderte die Ideen von Herrschaft und Souveränität verbunden waren. Es handelt sich bei den Porphyrsarkophagen in Palermo im Grunde um die Artikulation eines auf römische Traditionen gestützten universalen Machtanspruchs, um ein caesarisches Herrschaftsbild mit byzantinischem Akzent in einer normannischen Verwandlung.

Der Sarkophag Kaiser Friedrichs II. wurde bereits mehrfach geöffnet, zweimal sogar zu wissenschaftlichen Zwecken. Irgendwann wuchtete man den schweren Porphyrdeckel hoch, um etwas ganz Erstaunliches zu tun: Friedrich musste sich fortan seinen Sarkophag mit zwei weiteren Leichen teilen. Bei der einen handelt es sich um die sterblichen Überreste von Peter II. von Aragón, König von Sizilien (1337–1342). Wer die Frau war, deren entseelte Hülle die Enge im Sarg weiter vermehrte, wissen wir nicht genau. Als man 1781 im Zusammenhang mit dem Umbau und der Umgestaltung des Domes von Palermo den Sarkophag öffnete, wurden die Befunde erstaunlich gut in Aufrissen und Zeichnungen in einem Werk von Francesco Daniele dokumentiert. Zu diesem Zeitpunkt lag die Leiche Friedrichs noch allein, und vielleicht sind erst im Anschluss an die Bestandsaufnahme die beiden anderen Leichen hinzugekommen, weil man wegen des Umbaus Platz brauchte und andere Grabanlagen einsparen wollte. Friedrichs Leiche war damals, so geht aus der Zeichnung hervor, offen-

8 Bestattet in einer Säule: Sarkophag mit den sterblichen Resten Friedrichs II. im Dom von Palermo. Der Sarkophag wurde im 12. Jahrhundert wahrscheinlich aus einer antiken Porphyrsäule gemeißelt.

sichtlich noch völlig intakt. Einen ganz anderen Eindruck gewannen die Experten bei der wissenschaftlich ambitionierten Öffnung der Jahre 1998 und 1999. Die von Daniele noch so klar abgebildete Person war inzwischen zerfallen. Es zeigte sich nur noch ein Durcheinander von Knochen, Textilresten und Metallpartikeln.

Kaiser Friedrich II. hat mehrmals seinen letzten Willen in Testamenten festgehalten, die unter anderem Bestimmungen über die Nachfolge in der Herrschaft enthielten. Zum ersten Mal versuchte er die Verhältnisse für den Fall seines Todes zu regeln, bevor er 1228 zum Kreuzzug aufbrach. Kurz vor seinem Ende ließ der Herrscher nochmals testamentarisch seinen Willen fixieren, vielleicht sogar zweimal kurz hintereinander. Das letzte Testament ist sogar wortgetreu erhalten, denn es wurde offenbar mündlich kurz vor dem Tode vor Zeugen dargelegt und dann aufgeschrieben. In seinem Testament von 1228 sollte dem

Kaiser sein erstgeborener Sohn Heinrich VII. sowohl im Kaisertum als auch im Königreich Sizilien nachfolgen. Im Testament der letzten Tage ist für die Nachfolge sein zweitgeborener Sohn Konrad vorgesehen, da Heinrich nicht mehr lebte. Falls Konrad ohne Erben stürbe, sollte Friedrichs Sohn Heinrich aus der Ehe mit Isabella Plantagenêt, der anfangs noch Carlotto hieß, zum Zuge kommen. Stürbe auch dieser kinderlos, sollte Manfred der Universalerbe sein. Diese Regelung zeigt noch einmal ganz deutlich, dass Manfred, der aus der Beziehung zu Bianca stammte, als vollgültiger, erbberechtigter und legitimer Sohn anerkannt war. Für seinen Enkel Friedrich, einen Sohn seines Erstgeborenen, König Heinrich VII., sah der Kaiser die Herzogtümer Österreich und Steiermark vor. Weitere Bestimmungen der Testamente betreffen die wirtschaftliche Versorgung weiterer Söhne, eine Generalamnestie für Kerkerhäftlinge mit Ausnahme von Verrätern, Schuldenbegleichung, Unterstützung des Heiligen Landes, die Rückgabe entfremdeten Templer- und Kirchengutes sowie eine Verfügung über das eigene Begräbnis in Palermo.

Das Ableben Friedrichs löste zunächst eine kurze Zeitspanne des Erstaunens, ja geradezu der Verwirrung aus, denn das apokalyptische Tier hatte noch nicht alles zerstampft. Erst 1260, so die Vision des Joachim von Fiore, sollte das dritte Zeitalter anbrechen. Doch obwohl der als Bestie geschmähte Kaiser nun verschieden war, gab es keinen Frieden. Papst Innozenz IV. führte den Kampf unverdrossen weiter, die ganze ruchlose Sippe sollte ausgemerzt werden. Das Testament Friedrichs besaß für ihn keinerlei Gültigkeit. Weder die Nachfolge Konrads IV. noch die Regentschaft Manfreds fand Anerkennung. Die nächsten anderthalb Jahrzehnte waren von heftigen Kämpfen um Friedrichs sizilianisches Erbe bestimmt. König Konrad starb bereits im Mai 1254. Sein Halbbruder Manfred fiel 1266 in einer Schlacht gegen Karl von Anjou (1266–1285), den jüngsten Bruder des französischen Königs, der mit der Inbesitznahme des Königreichs Sizilien die Dynastie der Kapetinger im italienischen Mezzogiorno etablierte. Als Kaiser Friedrichs Enkel Konradin, der den Titel König von Jerusalem führte, 1268 im Verlauf eines erfolglosen Rückeroberungsversuchs in Neapel enthauptet wurde, endete die politische Bedeutung von Friedrichs Nachkommen im Mannesstamm. Manfreds Söhne lagen zwar weiter in Ketten und dessen ältestem Sohn Friedrich gelang nach Jahrzehnten sogar die Flucht aus dem Kerker, aber nach langem Umherirren an europäischen Höfen verlieren sich seine Spuren. Sein Bruder Heinrich starb im Jahr 1318 erblindet nach zweiundfünfzig Jahren Haft als letzter männlicher Spross seiner Familie. Erst mit ihm endete die Reihe der legitimen männlichen Nachkommen Kaiser Friedrichs II.

Auch Friedrichs illegitimer Sohn Enzio starb, ohne jemals die Freiheit wiederzuerlangen, in Bologna im Kerker. Ein anderer illegitimer Sohn des Kaisers, Friedrich von Antiochien, hinterließ zwar weitere männliche Nachkommen, doch blieben sie für die politische Nachfolge ohne Bedeutung. Die Tochterstämme aber blühten weiter und stifteten, was dem Mannesstamm verwehrt blieb: Legitimation. Manfreds älteste Tochter Konstanze war nicht in die Hände Karls von Anjou gefallen, als der Sizilien besetzte. Sie wurde schon 1262, also noch vor den Gemetzeln von Benevent und Tagliacozzo, mit dem späteren König von Aragón, Peter III. (1276–1285), vermählt. Diese Verbindung stiftete jenen Anspruch, der nach der Sizilianischen Vesper von 1282 ihren Nachkommen aus der Verbindung mit König Peter III. die Herrschaft über die Insel Sizilien stabilisieren half. An Kaiser Friedrichs Tochter Margarete (1236–1270), die aus der Ehe mit Isabella Plantagenêt stammte und die als Siebzehnjährige den wettinischen Landgrafen von Thüringen, Pfalzgrafen von Sachsen und Markgrafen von Meißen, Albrecht (1240–1314/1315), geheiratet hatte, knüpften Anhänger der Staufer politische Hoffnungen auf Wiedererlangung der politischen Macht. Aus dieser Beziehung ging Friedrich I., Markgraf von Meißen (1307–1323), hervor, der den Beinamen *admorsus*, «der Gebissene» oder «mit der gebissenen Wange», trug. In einer kurzen Phase der Hochstimmung nannte sich Markgraf Friedrich sogar in einigen Briefen selbst Friedrich III., König von Jerusalem und Sizilien. Diese Verwandtschaftslinie machte einige der wettinischen Nachfolger zu königswürdigen Kandidaten. Konstanze und Margarete sind somit der Ursprung der beiden legitimen Tochterstämme, die staufisches Blut in Aragón und Sachsen in die Zukunft trugen.

6. Friedrich in den Erinnerungen der Nachwelt

Falsche Friedriche und die Verwandlung in den Großvater

Unmittelbar nach dem Tode Friedrichs II. erwachte die Sehnsucht nach dem Kaiser und seiner bereits verklärten Herrschaft. Es häuften sich Legenden, Kaiser Friedrich befinde sich auf einem Büßergang, einem Kreuzzug oder habe sich in einem fernen Land vor der Verfolgung des Papstes in Sicherheit gebracht. In manchen Kreisen, etwa bei dem viel in Italien und Frankreich herumgekommenen Franziskaner Salimbene de Adam, lief auch die Weissagung der Erythäischen Sibylle um: *Sonabit et in populis: Vivit et non vivit.* «Tönen wird es unter den Völkern: Er lebt und er lebt nicht.» In der Nähe von Florenz schloss man 1257 sogar notariell beglaubigte Wetten darauf ab, dass der Kaiser noch lebe. Andere wiederum glaubten, der Kaiser sei zwar verstorben, werde aber bald auferstehen, seine Widersacher in die Knie zwingen und seinen Reichen eine neue Zeit des Wohlstands und des Friedens bringen. Man sehnte sich danach, Kaiser Friedrich II. möge wiederkehren und die alte Ordnung erneuern. Und tatsächlich: Der englische Franziskaner und Chronist Thomas von Eccleston berichtet von einem Mönch, der den Kaiser im Berge Ätna verschwinden sah. Ein Jahrzehnt nach dem Tod des Kaisers behauptete ein Bettler namens Johannes Cocleria, der Kaiser zu sein, und suchte mit einer Schar von Anhängern Zuflucht in den Bergen des Ätnamassivs.

Später, in den 1280er Jahren, gab es auch nördlich der Alpen eine Reihe von Hochstaplern, die von sich behaupteten, der zurückgekehrte Kaiser Friedrich II. zu sein. Vom Sommer 1284 an trat Dietrich Holzschuh – niederdeutsch Tile Kolup –, der erfolgreichste Imitator, über ein Jahr lang mit großem Anklang als Kaiser Friedrich II. auf. Zuerst in Köln, dann in Neuss am Rhein hielt er regelrecht Hof und gab dort sogar Urkunden mit gefälschten Kaisersiegeln aus. Finanzielle Zuwendungen flossen ihm so reichlich zu, dass er sich in der folgenden Zeit mit einem beeindruckenden Hofstaat umgeben konnte, darunter ein Kanzler und ein Hofmarschall, Kämmerer und Diener sowie eine Leibwache. Mit Hilfe seiner Kanzlei korrespondierte er mit verschiedenen deutschen Fürsten. In Oberitalien berieten Stadtkommunen, ob und wie man mit dem Kaiser Kontakt aufnehmen solle, einige schickten sogar Gesandtschaften. Seine Korrespondenzen gipfelten in einem Brief an Rudolf von Habsburg, den seit 1273 als rechtmäßiger deutscher König amtierenden Herrscher, in dem er diesen aufforderte, sich von seiner kaiserlichen Majestät gefälligst die Krone und Königswürde bestätigen zu lassen oder aber diese niederzulegen. Für König Rudolf, dessen Gegnern sich Kolup geschickt anschloss, wurde die Sache zur ernsten Gefahr. Es bedurfte eines Heeres des rechtmäßigen Königs, um Kolup schließlich zu überwältigen. Unter der Folter gestand er, dass er in Wirklichkeit ein einfacher Mann namens Tile Kolup sei – aber was beweisen schon Foltergeständnisse? An einem Julitag des Jahres 1285 wurde er schließlich auf einem Feld vor den Toren der Stadt Wetzlar in der Wetterau als Ketzer verbrannt.

Kurze Zeit später tauchte in Frankfurt am Main ein neuer Kaiser Friedrich auf, der von sich behauptete, aus der Asche des in Wetzlar Verbrannten wie Christus am dritten Tage wieder auferstanden zu sein. Als Kaiser Friedrich II. zog er durch Städte und Dörfer. Erst in Utrecht ergriff man ihn und brachte den falschen Kaiser an den Galgen. In Lübeck trat 1286 erneut ein alter Mann auf, der glauben machen wollte, er sei Kaiser Friedrich II., doch wurde er schnell als Betrüger entlarvt, da einige der alten Ratsherren den Imperator noch persönlich kannten. Nach einem zeitgenössischen Bericht steckte man ihn kurzerhand in einen Sack und versenkte ihn im Fluss. Noch einmal im Jahr 1295 – immerhin über ein halbes Jahrhundert nach dem letzten Deutschlandaufenthalt des echten Kaisers, der nun schon über hundert Jahre alt gewesen wäre – zog ein Mann als Kaiser Friedrich durch Deutschland. Er wurde schließlich in Esslingen gefangengenommen und endete ebenfalls auf dem Scheiterhaufen. Die falschen Friedriche sind Beispiele dafür, wie die Sehnsucht nach einer besseren Welt prominente Personen, oft auch Herrscher, am Leben erhalten kann, weil man diese Ordnung mit ihrer Lebenszeit verbindet. Erfolg hatten die Friedrich-Imitatoren aber auch deshalb, weil sie ihre Rolle mitunter so glaubwürdig spielten, dass sie selbst daran glaubten.

Nördlich der Alpen entstand allmählich eine Kaisersage, in deren weiterer Entwicklung sich in den folgenden Jahrhunderten Kaiser Friedrich II. in seinen Großvater Friedrich I. Barbarossa verwandelte. Dabei wurde die Friedrichlegende mit der unabhängig davon entstandenen Kyffhäusersage verbunden. Die prophetische Kaisersage wandelte sich zu einem Kaisertraum. In der *Düringischen Weltchronik* des Eisenacher Stadtschreibers Johannes Rothe aus dem ersten Drittel des 15. Jahrhunderts ist in der Erzählung vom «falschen Friedrich» des Jahres 1261 die Rede davon, dass Kaiser Friedrich II. neben anderen «wüsten Orten» im Reich vor allem in der verfallenen Kyffhäuserburg gesichtet werde. Wie schnell die Sage fest lokalisiert wurde, zeigte sich 1546, als in den Ruinen des Kyffhäusers ein «wahnsinniger Schneider» vom Volk für den Kaiser gehalten wurde.

Im 17. Jahrhundert begann die Grenze zwischen Großvater und Enkel zu zerfließen. Man wusste nun nicht mehr so genau, welcher Friedrich eigentlich gemeint war und auf welchen als historische Figur bislang in der Sage Bezug genommen worden war. In der *Alectryomantia* des Schriftstellers und Sagensammlers Johannes Praetorius aus dem Jahr 1681 heißt es über die Kyffhäusersage, dass unter den Leuten, die in der Gegend des Harz wohnen, eine Sage vom Kaiser Friederich umginge, doch niemand mit Bestimmtheit sagen könne, welcher Friedrich es sei. Wenig später musste der Ketzerkaiser Friedrich II. gänzlich zugunsten Friedrichs I. Barbarossa weichen. Georg Henning Behrens' *Hercynia curiosa* von 1703 überliefert, dass «Kayser Friedrich der Erste, Aenobarbus oder Barbarossa, das ist Roth-

Bahrt, zubenahmet, sich selbst mit etlichen der Seinigen an diesen Ort verfluchet habe».

In der Folge ist die Sage weiter ausgeschmückt und ihre zentrale Figur noch mehr verklärt worden. Der Name «Friedrich» – «Friedreich» – wurde dabei als Programm oder gar Utopie verstanden. Der Wechsel des Schauplatzes vom fernen Sizilien an einen Ort in der Nähe steigerte den Bekanntheitsgrad. Die Volksphantasie ist durch die Sagen des Harzes und die außergewöhnliche Größe der Kyffhäuserburg stark beflügelt worden. Schließlich machte das auffällige äußere Merkmal des langen roten Bartes die Sagengestalt besonders einprägsam, zumindest mehr als die des bartlosen Enkels. Im ersten Drittel des 19. Jahrhunderts entwickelte sich die Barbarossalegende dann von einer thüringischen Regionalsage zu einer deutschen Volkssage und zugleich zu einem nationalen Mythos. Die Verbreitung in ganz Deutschland erhielt durch die Sage *Friedrich Rothbart auf dem Kyfhäuser* in der Sammlung deutscher Sagen der Brüder Jacob (1785–1863) und Wilhelm Grimm (1786–1859) und durch Friedrich Rückerts (1788–1866) bekanntes Gedicht *Barbarossa* kräftige Impulse. Kaiser Friedrich II. war in den Schatten des Kyffhäusers getreten, und in der Publizistik war von ihm nun nicht mehr allzu oft die Rede.

Das änderte sich erst wieder mit der Geschichtsschreibung im späten 19. Jahrhundert. Mit dem wachsenden Interesse am Nationalstaat und den verschiedenen Vorstellungen von einem neu zu gründenden Reich entstanden die großen mehrbändigen Kaisergeschichten, die eine edle imperiale Größe in der Vorzeit ausmalten. Die Romantik verklärte das Mittelalter zu einem Wunschtraum und stilisierte Friedrich I. Barbarossa zu einer märchenhaften Erlöserfigur. Die sechsbändige *Geschichte der Hohenstaufen und ihrer Zeit* des Berliner Historikers Friedrich von Raumer (1781–1873), die in den Jahren 1823 bis 1825 erschien, und Wilhelm von Giesebrechts (1814–1889) ebenfalls mehrbändige *Geschichte der deutschen Kaiserzeit* aus den Jahren 1855 bis 1888 wurden in rascher Folge mehrfach aufgelegt und erzielten eine enorme Breitenwirkung. Beide präsentierten ihren Lesern den Barbarossa-Enkel Friedrich II. aus protestantisch-preußischer Perspektive als einen mustergültigen und reformorientierten Herrscher. Irgendwie sei Friedrich schon, so Raumer wörtlich, «Protestant geworden». So sah das auch Ferdinand Gregorovius (1821–1891), der in Friedrich einen Vorläufer der Reformation entdeckte, als er auf der Suche nach den deutschen Ahnen Italien bereiste. Im Grunde wurde Friedrich II. in jener Zeit immer dann bemüht, wenn es um einen antiklerikalen oder antirömischen Reflex ging.

Neben den Historikern griffen auch die Dichter der Zeit auf Barbarossa und seinen Enkel Friedrich II. zurück. Unzählige Gedichte und Dramen über diese Kaiser entstanden. Die meisten Dichter bezogen ihr historisches Wissen zu großen Teilen aus Raumers Staufergeschichte. Doch Barbarossa blieb der Stärkere im Kampf um die Popularität bei den Deutschen. Nach der Gründung des Deutschen Reiches 1871 bemühte man sich in Deutschland verstärkt um neue Heldenlegenden, die sich mehr und mehr zu Mythen des Reichs wandelten. Dabei bezogen sich die vielen «Kyffhäuserdeutschen», wie sie der national denkende Heinrich von Treitschke (1834–1896) nannte, auf Friedrich I. Seinen Enkel Friedrich II. hielt Treitschke dagegen für einen «wälschen Kaiser inmitten sarazenischer Leibwächter und leichtfertiger südländischer Sänger».

Kaiser Friedrich II. als geteilter Erinnerungsort

Für die Deutungen Kaiser Friedrichs II. waren langfristig jedoch Urteile von Jacob Burckhardt (1818–1897) und Friedrich Nietzsche (1844–1900) von größerem Gewicht, da ihre Ansichten über den Herrscher geradezu den Charakter von Leitmotiven angenommen haben. Jacob Burckhardt publizierte 1860 sein Werk *Die Kultur der Renaissance in Italien*, in dem er eine Vorreiterrolle des von Kaiser Friedrich II. geformten Reiches für die Staaten der Renaissance beschrieb. Dabei äußerte er das berühmt gewordene Diktum, Friedrich II. sei der «erste moderne Mensch auf dem Throne» gewesen. Dieses Motiv erstarrte später zu einem regelrechten Modernitätstopos. Doch war Burckhardts Urteil nicht positiv gemeint, denn er sah den Kaiser am

Beginn jenes Licht- und Schattenspiels einer jegliche traditionelle Legitimation auflösenden Moderne, der er später so skeptisch gegenüberstehen sollte. Der Staat als Kunstwerk ist der Hexenkessel, aus dem der neue Machtmensch dampfend emporsteigen wird und unter dem Kaiser Friedrich II. so richtig eingeheizt haben soll. Mit Stichworten wie «erster moderner Mensch auf dem Thron», «größte politische Erscheinung des 13. Jahrhunderts» und «Zwangsstaat und Konzentration der Macht» hob Burckhardt den Kaiser in seine Gegenwart. Doch seine Meinung über Friedrich hätte vielleicht eine unter vielen bleiben können, wenn Burckhardt im 20. Jahrhundert nicht zu einem der Väter moderner Kulturgeschichtsschreibung avanciert wäre.

Eine für die Deutung Kaiser Friedrichs ebenso wichtige Stimme besaß Friedrich Nietzsche, obwohl er sich nie mit ausführlichen Einschätzungen über Friedrich II. zu Wort gemeldet hat. Seine Meinung über den Kaiser war jedoch unter anderem deshalb folgenreich, weil er auf die Geschichtsauffassungen der um Stefan George (1868–1933) versammelten Künstler, darunter Ernst Kantorowicz (1895–1963), so nachhaltig wirkte. In seiner philosophischen Autobiographie *Ecce homo* aus dem Jahr 1888 schrieb Nietzsche eher beiläufig von der «Erinnerung an einen Atheisten und Kirchenfeind comme il faut, an meinen Nächstverwandten, den grossen Hohenstaufen-Kaiser Friedrich den Zweiten». In seinem Werk *Jenseits von Gut und Böse* sprach Nietzsche von den «zum Siege und zur Verführung vorherbestimmten Räthselmenschen», «denen ich gern jenen ersten Europäer nach meinem Geschmack, den Hohenstaufen Friedrich den Zweiten, zugesellen möchte». Und in seiner im Jahr 1888 verfassten polemischen Abrechnung mit dem Christentum *Der Antichrist* kommentierte er: «‹Krieg mit Rom aufs Messer! Friede, Freundschaft mit dem Islam›: so empfand, so that jener grosse Freigeist, das Genie unter den deutschen Kaisern, Friedrich der Zweite.»

Nietzsches Einschätzung Kaiser Friedrichs II. als eines Atheisten hallte lange nach und wurde immer wieder bemüht. Dabei vergaß man – wie schon Nietzsche selbst –, dass der Kaiser natürlich nicht außerhalb seiner Zeit zu deuten ist, also als Prototyp eines Atheisten gar nicht taugen kann. Doch mit den von Nietzsche eher beiläufig getroffenen Aussagen schien durch philosophische Autorität beglaubigt zu sein, dass es sich bei Friedrich um einen herausgehobenen Herrscher modernen Zuschnitts gehandelt haben musste: Erster moderner Mensch auf dem Thron, erster Europäer und doch Deutscher, Atheist und Genie, das waren die leckeren Köder, nach denen die deutschen Intellektuellen ein ganzes Jahrhundert lang schnappten wie Raubfische nach frischem Fleisch. Der Kulturhistoriker Egon Friedell (1878–1938) hat in seiner weit verbreiteten *Kulturgeschichte der Neuzeit* die prägnanten Meinungen Burckhardts und Nietzsches aufgegriffen und den Kaiser zusammen mit den Kriegsherren Alexander, Caesar und Friedrich II. von Preußen zu den vier ganz Großen der Weltgeschichte erklärt.

Die wirkmächtigsten Deutungen Kaiser Friedrichs II. im 20. Jahrhundert stammen jedoch von Ernst Kantorowicz. An seinem berühmten Buch *Kaiser Friedrich der Zweite* kann man gut erkennen, wie die Beschäftigung mit einer historischen Figur vornehmlich der eigenen Standortbestimmung und Selbstvergewisserung dienen kann. Zudem wird klar, wie im Rahmen von Burckhardts und Nietzsches Modernitätstopos Kaiser Friedrich II. vom «ersten modernen Menschen auf dem Thron» zu «jenem feurigen Herrn des Anfangs» werden konnte, einem nun geradezu faustischen Wegbereiter der Neuzeit, der sich deutlich von dem «müde[n] Herr[n] des Endes», den Ernst Kantorowicz hingegen in Barbarossa sah, unterschied. Doch der Autor des heute gern zitierten, jedoch selten tatsächlich durchgelesenen Buches wollte sein Werk als Kunstwerk verstanden wissen, das eine verborgene Vision durchwirkte. Seit dem Jahr 1910 war die Idee eines «Geheimen Deutschland» im Sinne eines noch verborgenen und wahren Deutschland zu einem Zentralbegriff in der Gedankenwelt des George-Kreises geworden. Die Künstler um den Dichter Stefan George, zu denen auch Ernst Kantorowicz gehörte, schufen sich im Geiste die «Traumfigur» eines Staates, einer ebenfalls als Kunstwerk verstandenen Hülle, in der der kleine Dichterkreis seinen Künstlerstaat gestalten und sich so am Ende zu einer Dichterherrschaft transformieren wollte. Diese Vorstellung projizierte Kantorowicz auf den Hof Kaiser Friedrichs II., wo ein Kaiser eine Dichterschule um sich geschart habe, sogar selbst zum Dichter und damit zum Haupt eines Künstlerstaates geworden sei. Für Kantorowicz war Friedrich II. der «End- und Erfüllungskaiser der deutschen Träume», weil er wie kein anderer den Genius der Deutschen repräsentiere. Unter seiner Herrschaft habe sich in der ersten Hälfte des 13. Jahrhunderts ein neuer Menschentypus herausgebildet, in dem sich die besten Eigenschaften des germanischen Nordens mit mediterraner Leichtigkeit verbanden: das Bild des deutschen Jünglings antiker Prägung. In kaiserloser Zeit gelte es – so die verschlüsselte Botschaft am Ende des Friedrich-Buches –, den staufischen Traum eines europäischen Universalreiches noch einmal einzulösen.

In Italien wurde der Kaiser ebenfalls zur Projektionsfläche von Sehnsüchten der Intellektuellen. Im Verlauf des 18. Jahrhunderts kam es auch hier zu einer Neubewertung Friedrichs II., doch mit gänzlich anderen Ergebnissen. Geordnete Rechtsprechung – das war hier zunächst die Zauberformel, mit der sich Federico bei den Gelehrten des 18. und beginnenden 19. Jahrhunderts in einen bewunderten Staatsmann zu verwandeln begann. Die anstehenden grundlegenden Reformen des Königreiches beider Sizilien hatten, so meinte man, in Friedrich einen Vorläufer. Im Zuge der Neubewertung von Friedrichs Herrschaft in Italien ging es dann zunehmend um nichts Geringeres als die Idee einer italienischen Nationalgemeinschaft. Ausgangspunkt war das Verhältnis zwischen Kaisertum und Papsttum, welches als namengebende Deutungsfolie die Kämpfe zwischen Guelfen und Ghibellinen durchzog und in der es seit der späthumanistischen Historiographie um die Klärung des Verhältnisses zwischen Fürst und Staat ging.

Sah man in Friedrich anfangs also nur den aufgeklärten und staatsordnenden Gesetzgeber, dessen Schöpfungen in der Tradition der normannischen Rechtssetzungen fortschrittlicher gewesen seien als diejenigen der eigenen Zeit, so kam ähnlich wie in Deutschland in der Folge der Französischen Revolution und der Napoleonischen Kriege das Nationale in die Diskussion.

Das nun hinzutretende Problem bestand darin, nicht nur den Gesetzen, sondern auch der nationalen Identität eine Grundlage und historische Tiefe zu verleihen. Im Verlauf des 19. Jahrhunderts rückten nun die Zusammenhänge zwischen einem gemeinsamen italienischen Idiom und einer politischen Einheit ins Blickfeld. Da die sprachliche Gemeinschaft der Einheit der Nation vorauszugehen hatte, suchte man nach den Ursprüngen der italienischen Literatursprache. Dantes Urteil über die sizilische Dichterschule wurde von Ugo Foscolo (1778–1827) und Luigi Settembrini (1813–1876) aufgegriffen und politisch ausgedeutet. Friedrich habe angestrebt, so Foscolo, «Italien unter einem Fürsten, einer einzigen Regierungsform und mit einer einzigen Sprache zu vereinen; und es seinem Nachfolger als die mächtigste unter den europäischen Monarchien zu übergeben».

Das war ziemlich deutlich in Richtung eines frühen Nationalkönigtums gedacht. Und Settembrini formulierte noch direkter, dass «allein Friedrich II. die Einheit Italiens zu schaffen» vermochte, «weil er die Kraft, das Recht, die Seelenstärke hatte, weil er als Italiener geboren und erzogen worden war, weil er sein Reich hier haben wollte». Zudem habe Friedrich ganz Italien erobern wollen, «um Deutschland als Grenzprovinz zu halten, und hoffte, den Papst auf die Stellung eines Patriarchen von Konstantinopel herabstufen zu können». Sizilien sei eben «der erste Organismus des neuen Italien» gewesen, denn hier sei «die Monarchie geordnet» worden. Nicht nur Impulsgeber für die nationale Sprache und Literatur sei Friedrich gewesen, sondern auch Verfechter eines starken, antiklerikal-laizistischen Staates, mithin also jener Verfasstheit, die man sich für die Gegenwart so sehr wünschte. Diese Vorstellungen von Friedrich blieben auch noch nach der Einigung Italiens 1870 jahrzehntelang lebendig. Der achthundertste Geburtstag Friedrichs II. 1994 war Anlass zu vielfältigen Rückblicken. In Italien wurde es geradezu zu einem *Anno Federiciano*, in dem man den Kaiser am liebsten geklont hätte, weil man ihm die größte Kompetenz zur Lösung der Probleme des Südens zutraute. In Deutschland blieb es bei eher regionalem Gedenken hauptsächlich im Südwesten des Landes.

Wird der Kaiser auch in Zukunft als erster Europäer, moderner Mensch auf dem Thron und rationaler Denker gelten? Für den Umgang mit der islamischen Kultur, für den *Clash of civilisations*, glaubte man eine Zeit lang, mit einem Multi-Kulti-Toleranzkaiser gut aufgestellt zu sein. Ein abendländisch-christlicher Kaiser als eine Art «Sultan von Lucera» jenseits der nationalen Grenzen: ein faszinierender Gedanke für die Lösung tagespolitischer Konflikte; doch leider sind auch das nur Wunschbilder.

Friedrich in seinem Jahrhundert

Was bleibt aber vom Kaiser Friedrich II., wenn man ihn aus seiner Zeit heraus deutet? Man wird ihm und seiner Politik wohl am Besten gerecht, wenn man ihn konsequent aus einer südlich-mediterranen Blickrichtung betrachtet. Dann wird klar, was auch die Zeitgenossen schon so oft in ihm gesehen haben: Er war ein Sizilianer. Das bedeutet zunächst, dass Friedrich II. sich weniger an den politischen Handlungen seiner kaiserlichen Vorgänger orientierte; ja, seine sizilienzentrierte Politik stellte sogar einen völligen Bruch mit den Herrschaftsideen und -praktiken seines Großvaters Kaiser Friedrich I. Barbarossa dar, der seine Italienpolitik von Norden aus betrieben hatte. Friedrich II. hingegen hat in seiner ganzen Herrschaftszeit vom Süden aus auf sein Römisches Imperium geblickt und jede seiner politischen Entscheidungen der Sicherung und Förderung seines Königreichs Siziliens unterworfen. Nur so ist es zu erklären, dass auch nach seiner Erhebung zum Imperator die sizilianischen Belange für ihn Priorität behielten. Wenn Friedrich sich in Deutschland engagierte, dann eigentlich in erster Linie, um eine zukünftige Bedrohung Siziliens durch das nordalpine Reich auszuschließen oder um Spielraum für politisches Handeln in Italien zu gewinnen. Schon die persönliche Präsenz des Herrschers belegt das: Von seinen fast sechsundfünfzig Lebensjahren verbrachte Friedrich nur insgesamt zehn Jahre bei drei Aufenthalten nördlich der Alpen.

Aus dieser Perspektive verwundert es nicht mehr, dass Friedrich eine Reihe von zuvor heiß umkämpften Königsrechten im

Norden des Reiches ohne große Bedenken abgetreten hat. Und es wird auch klar, warum die Seefahrt und die Flotte für ihn eine so große Bedeutung hatten. Flotten-Expeditionen in den Orient, Seegefechte gegen Genua und Venedig oder die Eroberung der Insel Djerba in Tunesien zeigen eine Facette von Friedrichs Herrschaft, die ohne den Blick von Süden aus unverständlich bliebe.

Schon der berühmte Historiker Leopold von Ranke (1795–1886) hat im 19. Jahrhundert festgestellt, dass man Friedrich «kaum noch für einen Deutschen» halten könne, [...] denn «er war durch und durch Sizilianer». Andere Historiker griffen diese Sicht immer wieder auf, wie etwa Johannes Haller (1865–1947), Herbert Grundmann (1902–1970) oder Geoffrey Barraclough (1908–1984). Die Hinwendung nach Deutschland, so könnte man zuspitzen, geschah vordergründig zum Schutz seiner Stellung in Sizilien und zur Förderung seiner italienischen Politik. Im Süden lag das Zentrum seines Interesses und seines Handelns. Sizilischer König bleiben und dieses Reich unter allen Umständen fördern und stärken und dafür die nordalpinen Potenzen so weit wie möglich ausnutzen: Das scheint gleichsam Kaiser Friedrichs II. politisches Credo gewesen zu sein.

Im Grunde wäre es gar nicht so unwahrscheinlich gewesen, dass bei einem Erfolg der politischen Vorstellungen Kaiser Friedrichs II. die Herrschaft in Italien von einer südlichen Zentrale aus viel stärker verdichtet worden wäre. Eine schnellere Erosion der alten Bindungen zum nordalpinen Reich wäre die Folge gewesen. Deutschland wäre seinen Weg zu einem Gebilde aus konkurrierenden Staaten ganz anders gegangen, wahrscheinlich mit kürzeren Italienreminiszenzen, als sie bis zum Untergang des Heiligen Römischen Reiches 1806 immer wieder eine Rolle gespielt haben.

Auch für das Verständnis des 13. Jahrhunderts ergibt die konsequente südliche Perspektive auf Kaiser Friedrich II. ganz andere Ordnungszusammenhänge. Schon mit der Doppelwahl von 1198 in Deutschland und den sich daran anschließenden Kämpfen um die Krone geht eigentlich das Zeitalter der traditionellen Kaiserherrschaft zu Ende. Mit dem Tod der Könige der

Doppelwahl, König Philipp von Schwaben (1198–1208) und Kaiser Otto IV. (1198–1218), ist dann bereits jener tiefe Bruch zu verorten, der in der deutschen Forschungstradition allgemein erst mit dem Ableben Kaiser Friedrichs II. 1250 oder Konrads IV. 1254 gesetzt wird. Die Konstruktion einer einheitlichen Epoche eines staufischen Kaisertums, die die familiären Bindungen als Bezugs- und Deutungsrahmen in den Vordergrund stellte, wird dann hinfällig. Betrachtet man außerdem die Herkunft und Sozialisation der nun folgenden Herrscher, so verschieben sich die politischen Zäsuren noch weiter: Die Herrschaftszeit Friedrichs von Sizilien ist dann eher als Beginn einer Epoche ausländischer Könige zu verstehen, die mit den römisch-deutschen Königen Alfons von Kastilien (1257–1273, gest. 1284) und Richard von Cornwall (1257–1272) fortgesetzt wurde. Im Grunde ist schon Kaiser Otto IV., der am englischen Königshof aufwuchs und die Titel eines Grafen von Poitou und Herzogs von Aquitanien trug, eher in dieser Reihe zu sehen. Das 13. Jahrhundert, dessen eine Hälfte traditionell als staufische Kaiserzeit verstanden wurde und deren Ende zum Interregnum führte, war also fast ein Jahrhundert fremder Könige auf dem römisch-deutschen Thron.

Die Signatur des 13. Jahrhunderts, in dessen erster Hälfte Friedrich regierte, ist zudem durch das anfängliche Aufblähen und kurz darauf folgende Implodieren imperialer Ordnungsvorstellungen der Kaiser und Päpste gekennzeichnet. Die Herrschaft Friedrichs II. war ein letzter, gescheiterter Versuch, ein transnationales Weltkaisertum zu schaffen. Dafür wurden besonders die ökonomischen Potenzen des südlichen Regnums Sizilien genutzt. Aus dem staufischen Erbe hingegen bezog dieses Weltkaisertum das Charisma des Amtes sowie der Tradition, wie es Max Weber begrifflich unterschieden hat, und verzierte es mit heilsgeschichtlichen Zügen. Die Vollendung der Weltkaiseridee scheiterte jedoch an der Vielfalt der päpstlich-kirchlichen, kommunalen, nationalstaatlichen und fürstlichen Herrschaftsbildungen in Europa. Doch nicht nur der Kaiser, sondern auch die Päpste erlitten schließlich Schiffbruch mit ihrem Streben nach einer unangefochtenen imperialen Stellung. Der Untergang Kaiser Friedrichs II. und seiner Familie beendete die kaiserliche Idee des universalen Imperiums. Erst ein Jahrhundert später sollte der oft als Nachahmer Friedrichs II. aktive Karl IV. ein hegemoniales Kaisertum, nun aber gestützt auf eine luxemburgisch-böhmische Hausmacht, zu einem letzten Höhepunkt führen.

Die Legende eines von Friedrich II. gestalteten Weltkaisertums beunruhigte jedoch noch lange die Gemüter mit ihren Sehnsüchten und Hoffnungen. Wie hatte Petrus de Ebulo doch zur Geburt des Herrschers hoffnungsvoll gedichtet: «Lebe lange, Jupiters und der Himmlischen schönster Fürst, Lebe lange, erst Urahn geworden magst Du zu den Sternen entschwinden.» Zu den Sternen entschwand er zwar, doch nicht aus den Erinnerungen der Nachwelt.

Zeittafel

1130	Sizilien wird zum Königreich erhoben.
1154	Tod König Rogers II., Friedrichs Großvater mütterlicherseits.
1186	Hochzeit Heinrichs VI. mit Konstanze von Hauteville, der Eltern Friedrichs.
1189	Tod König Wilhelms II.
1190	Tod Kaiser Friedrichs I. Barbarossa, Friedrichs Großvater väterlicherseits.
1191	Krönung Heinrichs VI. zum römischen Kaiser in Rom.
1194	Geburt Friedrichs in Jesi.
1194–1197	Friedrich wächst in Foligno auf.
1196	Wahl Friedrichs in Abwesenheit zum römisch-deutschen König in Frankfurt am Main.
1197	Tod des Vaters, Kaiser Heinrichs VI.
1198	Doppelwahl in Deutschland: Philipp von Schwaben und Otto IV. werden zu römisch-deutschen Königen erhoben und gekrönt.
	Krönung Friedrichs zum König von Sizilien.
	Tod der Mutter, Kaiserin Konstanze von Hauteville.
	Beginn des Pontifikats von Papst Innozenz III. Conti.
1201	Angriff des deutschen Truppenführers Markward von Annweiler auf Palermo.
1202	Tod Markwards von Annweiler.
1208	Beginn der selbständigen Regierung Friedrichs.
	Ermordung König Philipps von Schwaben.
1209	Erste Ehe Friedrichs mit Konstanze von Aragón.
	Krönung Ottos IV. zum römischen Kaiser in Rom.
1211	Erneute Wahl Friedrichs in Abwesenheit zum römisch-deutschen König in Nürnberg.
	Geburt Heinrichs VII.
1212–1220	Erster Aufenthalt Friedrichs in Deutschland.
1212	Krönung Heinrichs VII. zum König von Sizilien.
	Erste Krönung Friedrichs zum römisch-deutschen König in Mainz.
1214	Schlacht von Bouvines.
1215	IV. Laterankonzil in Rom.

	Zweite Krönung Friedrichs zum römisch-deutschen König in Aachen.
1216	Tod Papst Innozenz' III., Beginn des Pontifikats von Papst Honorius III. Savelli.
1220	Wahl Heinrichs VII. zum römisch-deutschen König in Frankfurt am Main.
	Krönung Friedrichs zum römischen Kaiser in Rom.
1222	Tod von Konstanze von Aragón.
	Krönung Heinrichs VII. zum römisch-deutschen König.
1224	Gründung der Hochschule in Neapel.
1225	Zweite Ehe Friedrichs mit Isabella von Brienne.
	Krönung Friedrichs zum König von Jerusalem in Brindisi.
1227	Tod Papst Honorius' III., Beginn des Pontifikats von Papst Gregor IX. Conti.
	Verhinderter Aufbruch zum Kreuzzug und erste Exkommunikation.
1228	Geburt Konrads IV.
	Tod Isabellas von Brienne.
	Aufbruch Friedrichs zum Kreuzzug.
1229	Vertrag von Jaffa und Einzug in Jerusalem.
1230	Frieden von San Germano und Aufhebung der Exkommunikation.
1231	Konstitutionen von Melfi und Beginn der Prägung von Augustalen.
1232	Geburt Manfreds.
1235–1237	Zweiter und dritter Aufenthalt Friedrichs in Deutschland.
1235	Dritte Ehe mit Isabella Plantagenêt.
	Absetzung König Heinrichs VII.
	Hoftag von Mainz.
1236	Umbettung der Gebeine der hl. Elisabeth unter Beteiligung Friedrichs.
1237	Wahl Konrads IV. zum römisch-deutschen König.
	Sieg über den Lombardischen Bund bei Cortenuova.
1238	Erhebung Enzios zum König von Sardinien.
1239	Zweite Exkommunikation Friedrichs.
1240	Anweisung zum Bau von Castel del Monte.
1241	Seeschlacht von Montecristo und Kapitulation von Faenza.
	Tod Isabella Plantagenêts.
	Tod Papst Gregors IX. Conti.
1242	Tod König Heinrichs VII.
1243	Beginn des Pontifikats von Papst Innozenz IV. Fieschi.

1244	Flucht von Papst Innozenz IV. nach Lyon.
1245	Absetzung Friedrichs auf dem Konzil von Lyon.
1245–1248	Mutmaßliche Heirat Friedrichs mit Bianca kurz vor deren Ableben.
1246	Wahl Heinrich Raspes zum römisch-deutschen König.
1247	Tod Heinrich Raspes.
1248	Schwere Niederlage Friedrichs vor Parma.
1249	Verurteilung und Tod des Petrus de Vinea.
1250	Tod Friedrichs in Castel Fiorentino.
1251	Beisetzung Friedrichs in Palermo.
1254	Tod Konrads IV.
1266	Schlacht bei Benevent und Tod Manfreds.
1268	Schlacht bei Tagliacozzo und Hinrichtung Konradins.
1318	Mit Manfreds Sohn Heinrich stirbt der letzte männliche Nachkomme Friedrichs.

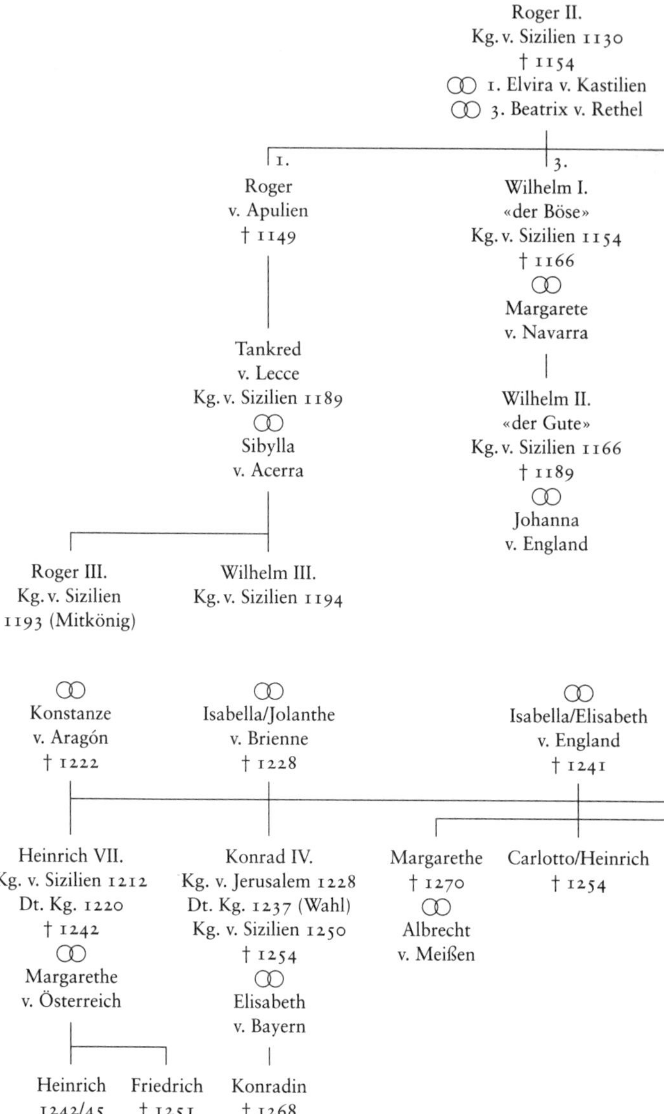
Roger II.
Kg. v. Sizilien 1130
† 1154
⚭ 1. Elvira v. Kastilien
⚭ 3. Beatrix v. Rethel
1.
Roger
v. Apulien
† 1149
3.
Wilhelm I.
«der Böse»
Kg. v. Sizilien 1154
† 1166
⚭
Margarete
v. Navarra
Tankred
v. Lecce
Kg. v. Sizilien 1189
⚭
Sibylla
v. Acerra
Wilhelm II.
«der Gute»
Kg. v. Sizilien 1166
† 1189
⚭
Johanna
v. England
Roger III.
Kg. v. Sizilien
1193 (Mitkönig)
Wilhelm III.
Kg. v. Sizilien 1194
⚭
Konstanze
v. Aragón
† 1222
⚭
Isabella/Jolanthe
v. Brienne
† 1228
⚭
Isabella/Elisabeth
v. England
† 1241
Heinrich VII.
Kg. v. Sizilien 1212
Dt. Kg. 1220
† 1242
⚭
Margarethe
v. Österreich
Konrad IV.
Kg. v. Jerusalem 1228
Dt. Kg. 1237 (Wahl)
Kg. v. Sizilien 1250
† 1254
⚭
Elisabeth
v. Bayern
Margarethe
† 1270
⚭
Albrecht
v. Meißen
Carlotto/Heinrich
† 1254
Heinrich
1242/45
Friedrich
† 1251
Konradin
† 1268

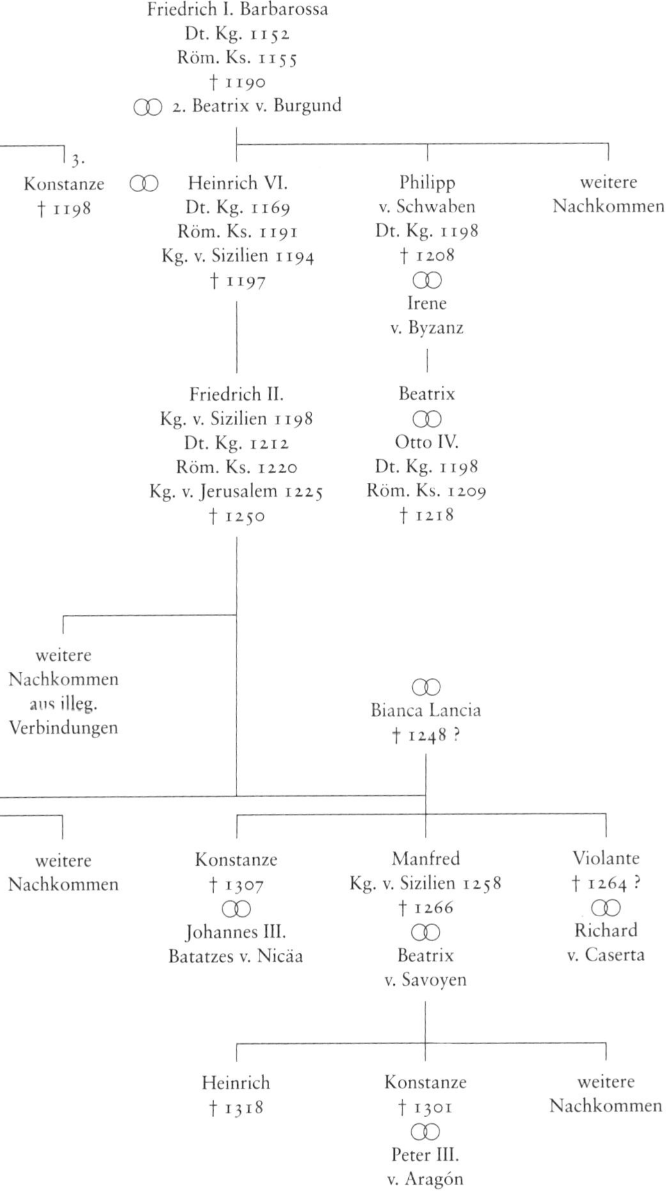

Friedrich I. Barbarossa
Dt. Kg. 1152
Röm. Ks. 1155
† 1190
⚭ 2. Beatrix v. Burgund
3.
Konstanze
† 1198
⚭
Heinrich VI.
Dt. Kg. 1169
Röm. Ks. 1191
Kg. v. Sizilien 1194
† 1197
Philipp
v. Schwaben
Dt. Kg. 1198
† 1208
⚭
Irene
v. Byzanz
weitere
Nachkommen
Friedrich II.
Kg. v. Sizilien 1198
Dt. Kg. 1212
Röm. Ks. 1220
Kg. v. Jerusalem 1225
† 1250
Beatrix
⚭
Otto IV.
Dt. Kg. 1198
Röm. Ks. 1209
† 1218
weitere
Nachkommen
aus illeg.
Verbindungen
⚭
Bianca Lancia
† 1248 ?
weitere
Nachkommen
Konstanze
† 1307
⚭
Johannes III.
Batatzes v. Nicäa
Manfred
Kg. v. Sizilien 1258
† 1266
⚭
Beatrix
v. Savoyen
Violante
† 1264 ?
⚭
Richard
v. Caserta
Heinrich
† 1318
Konstanze
† 1301
⚭
Peter III.
v. Aragón
weitere
Nachkommen

Bildnachweis

Abb. 1: Petrus de Ebulo, Liber ad honorem Augusti, Bern, Codex 120 II der Burgerbibliothek fol. 138r, aus: Kölzer/Stähli, S. 207
Abb. 2: London, British Library MS Royal 14 C. VII fol. 123v, aus: Hechelhammer, Frauen, Katalog, S. 130
Abb. 3: Berlin, Münzkabinett der Staatlichen Museen zu Berlin, Objekt-Nr. 18 204697, Foto: Lübke & Wiedemann, Stuttgart
Abb. 4: Foto: Olaf B. Rader
Abb. 5: Capua, Museo Provinciale Campano, Foto: Olaf B. Rader
Abb. 6: Città del Vaticano, Biblioteca Apostolica Vaticana Cod. Pal. Lat. 1071 fol. 1v, aus: Walz/Willemsen, Falkenbuch Friedrichs II.
Abb. 7: Giovanni Villani, Nuova Cronica, Città del Vaticano, Biblioteca Apostolica Vaticana ms. Chigi L VIII 296 fol. 76v, aus: Frugoni, Villani illustrato, S. 130
Abb. 8: Foto: Olaf B. Rader

Karten: Peter Palm, Berlin

Literaturhinweise

Arena, Maria Paola (Hg.): Federico II splendor mundi. Enciclopedia fridericiana, 2 Bde., 2005. *(Grundlegendes italienisches Nachschlagewerk zu Friedrich II.)*

Breve chronicon de rebus Siculis, hg. und übersetzt von Wolfgang Stürner (MGH SS rer. Germ. 77), 2004

Broekmann, Theo: ‚Rigor iustitiae'. Herrschaft, Recht und Terror im normannisch-staufischen Süden (1050–1250), 2005

Cohn, Willy: Die Geschichte der Sizilischen Flotte, 1910–1926 (ND 1978)

Constitutiones et acta publica imperatorum et regum 2 (MGH Legum IV), 1896

Das Staunen der Welt. Kaiser Friedrich von Hohenstaufen 1194–1250, hg. von der Gesellschaft für staufische Geschichte e. V., 1996

Die Konstitutionen Friedrichs II. für das Königreich Sizilien, hg. von Wolfgang Stürner (MGH Const. 2. Suppl.), 1996

Die Urkunden der lateinischen Könige von Jerusalem, hg. von Hans Eberhard Mayer, 4 Bde. (MGH Diplomata regum Latinorum Hierosolymitanorum), 2010

Die Urkunden Friedrichs II., Teil 1: Die Urkunden Friedrichs II. 1198–1212, hg. von Walter Koch unter Mitwirkung von Klaus Höflinger und Joachim Spiegel (MGH Diplomata 14,1), 2002; Teil 2: Die Urkunden Friedrichs II. 1212–1217, 2008; Teil 3: Die Urkunden Friedrichs II. 1218–1220, 2010

Die Zeit der Staufer. Geschichte – Kunst – Kultur. Katalog der Ausstellung Stuttgart 1977, 5 Bde., 1977

Esch, Arnold / Kamp, Norbert (Hg.): Friedrich II. Tagung des Deutschen Historischen Instituts in Rom im Gedenkjahr 1994, 1996

Fansa, Mamoun / Ermete, Karen (Hg.): Kaiser Friedrich II. (1194–1250). Welt und Kultur des Mittelmeerraums, sowie Fansa, Mamoun / Ritzau, Carsten (Hg.): «Von der Kunst mit Vögeln zu jagen». Das Falkenbuch Friedrichs II. – Kulturgeschichte und Ornithologie, Begleitbände zur Sonderausstellung «Kaiser Friedrich II. (1194–1250). Welt und Kultur des Mittelmeerraums» im Landesmuseum für Natur und Mensch, 2008

Fried, Johannes / Grebner, Gundula (Hg.): Kulturtransfer und Hofgesellschaft im Mittelalter, 2008

Fried, Johannes / Rader, Olaf B. (Hg.): Die Welt des Mittelalters. Erinnerungsorte eines Jahrtausends, 2011

Friedl, Christian: Studien zur Beamtenschaft Kaiser Friedrichs II. im Königreich Sizilien (1220–1250), 2005

Georges, Stefan: Das zweite Falkenbuch Kaiser Friedrichs II. Quellen, Entstehung, Überlieferung und Rezeption des Moamin, 2008

Gleixner, Sebastian: Sprachrohr kaiserlichen Willens. Die Kanzlei Kaiser Friedrichs II. (1226–1236), 2006

Görich, Knut / Keupp, Jan / Broekmann, Theo (Hg.): Herrschaftsräume, Herrschaftspraxis und Kommunikation zur Zeit Kaiser Friedrichs II., 2008

Görich, Knut: Die Staufer. Herrscher und Reich, 2006

Hechelhammer, Bodo: Kreuzzug und Herrschaft unter Friedrich II. Handlungsspielräume von Kreuzzugspolitik (1215–1230), 2004

Historia diplomatica Friderici secundi, hg. von J. L. A. Huillard-Bréholles, 12 Bde., 1852–1861 (ND 1963)

Houben, Hubert: Kaiser Friedrich II. (1194–1250). Herrscher, Mensch, Mythos, 2008

Il Registro della Cancellaria di Federico II del 1239–1240, a cura di Cristina Carbonetti Venditelli, 2 Bde., 2002

Il sarcofago dell'Imperatore. Studi, ricerche e indagini sulle tombe di Federico II nella Cattedrale di Palermo 1994–1999, hg. vom Assessorato dei Beni Culturali e Ambientali e della Pubblica Istruzione Regione Siciliana, 2 Bde. mit einer Kartenmappe, 2002 *(1. Band: Dokumentation der Öffnung von 1998/99, 2. Band: Nachdruck der 2. Auflage von Francesco Daniele, I regali sepolcri del Duomo di Palermo, 1859)*

Jostmann, Christian: Sibilla Erithea Babilonica. Papsttum und Prophetie im 13. Jahrhundert (MGH Schriften 54), 2006

Kaiser Friedrich II. in Briefen und Berichten seiner Zeit, hg. von Klaus J. Heinisch, 1968

Kaiser Friedrich II. Leben und Persönlichkeit in den Quellen des Mittelalters, hg. von Klaus van Eickels und Tania Brüsch, 2000

Kaiser Friedrich II. Sein Leben in zeitgenössischen Berichten, hg. von Klaus J. Heinisch, [3]1988

Losito, Maria: Castel del Monte e la cultura arabo-normanna in Federico II, Bari 2003 *(mit den Quellen (Regesten, Berichten, literarischen Zeugnissen, Reparaturrechnungen) zum Castel del Monte, S. 141–199)*

Meier-Welcker, Hans: Das Militärwesen Kaiser Friedrichs II., in: Militärgeschichtliche Mitteilungen 17 (1975), S. 9–48

Neumann, Ronald: Untersuchungen zu dem Heer Kaiser Friedrichs II. beim Kreuzzug von 1228/29, in: Militärgeschichtliche Mitteilungen 54 (1995), S. 1–30

Panvini, Bruno: Poeti italiani della corte di Federico II. Edizione riveduta e corretta, 1994 *(Textausgabe mit modernen italienischen Übersetzungen)*

Petrus de Ebulo, Liber ad honorem Augusti sive de rebus Siculis, hg. von Theo Kölzer und Marlis Stähli, 1994

Probleme um Friedrich II., hg. von Josef Fleckenstein, 1974

Pryor, John H.: The Crusade of Emperor Frederic II, 1220–29: The Implications of the Maritime Evidence, in: The American Neptune 52 (1992), S. 113–132

Rader, Olaf B.: Die Kraft des Porphyrs: Das Grabmal Kaiser Friedrichs II. in Palermo als Fokus europäischer Erinnerungen, in: Buchinger, Kirstin / Gantet, Claire / Vogel, Jakob (Hg.): Europäische Erinnerungsräume, Frankfurt am Main / New York 2009, S. 33–46

Rader, Olaf B.: Friedrich II. Der Sizilianer auf dem Kaiserthron, [4]2012

Regesta Imperii 5: Johann Friedrich Böhmer, Die Regesten des Kaiserreichs unter Philipp, Otto IV., Friedrich II., Heinrich (VII.), Conrad IV., Heinrich Raspe, Wilhelm und Richard, 1198–1272, nach der Neubearbeitung und dem Nachlasse J. F. Böhmers hg. und ergänzt von Julius Ficker, 1881/1882 – Nachträge und Ergänzungen, bearb. von Paul Zinsmaier, 1983

Rösch, Sybille / Rösch, Gerhard: Kaiser Friedrich II. und sein Königreich Sizilien, [2]1996

Rotter, Eckehart: Friedrich II. von Hohenstaufen, 2000

Schaller, Hans Martin: Stauferzeit. Ausgewählte Aufsätze (Schriften der MGH 38), 1993

Schirmer, Wulf: Castel del Monte, Forschungsergebnisse der Jahre 1990 bis 1996, 2000

Schneidmüller, Bernd / Weinfurter, Stefan / Wieczorek, Alfried (Hg.): Die Staufer und Italien. Drei Innovationsregionen im mittelalterlichen Europa, 2010 *(Tagungsband, Ausstellungskatalog und Essayband)*

Stürner, Wolfgang: Friedrich II., Teil 1: Die Königsherrschaft in Sizilien und Deutschland 1194–1220, 1992, Teil 2: Der Kaiser 1220–1250, 2000; um die neue Literatur ergänzte Ausgabe in einem Band, 2009

Thomsen, Marcus: «Ein feuriger Herr des Anfangs …». Kaiser Friedrich II. in der Auffassung der Nachwelt, 2005

Von Palermo zum Kyffhäuser. Staufische Erinnerungsorte und Staufermythos, hg. von der Gesellschaft für Staufische Geschichte e.V. (Schriften zur staufischen Geschichte und Kunst 31), 2012

Willemsen, Carl Arnold (Hg.): Bibliographie zur Geschichte Kaiser Friedrichs II. und der letzten Staufer (MGH Hilfsmittel 8), 1986

Wolf, Gunther (Hg.): Stupor mundi. Zur Geschichte Friedrichs II. von Hohenstaufen, 1966 und [2]1982 *(Da die Auflagen in Inhalt und Umfang sehr stark differieren, sind stets beide Ausgaben heranzuziehen.)*

Personenregister